COURIR

Les secrets du bien-être et de la forme physique

F. Oldani

et le docteur I. Floris pour les aspects médico-sportifs

COURIR

LES SECRETS DU BIEN-ÊTRE
ET DE LA FORME PHYSIQUE

ÉDITIONS DE VECCHI S.A.
20, rue de la Trémoille
75008 PARIS

Malgré l'attention portée à la rédaction de cet ouvrage, l'auteur ou l'éditeur ne peuvent assumer une quelconque responsabilité du fait des informations proposées (formules, recettes, techniques, etc.) dans le texte.
Il est conseillé, selon les problèmes spécifiques – et souvent uniques – de chaque lecteur, de prendre l'avis de personnes qualifiées pour obtenir les renseignements les plus complets, les plus précis et les plus actuels possible.

À Enza et Lili

Les auteurs remercient tous ceux qui ont participé à ce livre. Un remerciement particulier s'adresse à Laura, qui nous a aidés pour la partie médicale, et à Jacopo, qui a très bien joué le rôle du modèle, ainsi qu'à la Fédération italienne d'athlétisme.

Traduction : Frédéric Delacourt

Les photos sont de M. Giberti, les dessins de l'auteur

© 1999 Éditions De Vecchi S.A. - Paris
Imprimé en Italie

Introduction

Il y a quelque temps un ami me demandait pourquoi j'aimais la moto et pour quelle raison je préférais voyager de façon risquée, exposé au froid, à la poussière et aux intempéries, alors que je pouvais voyager tout aussi bien en m'installant confortablement dans l'habitacle d'une voiture sûre et spacieuse. Je lui ai fourni plusieurs réponses, mais, au terme d'une discussion longue et acharnée, le seul argument qui soit resté n'avait rien de logique ni de rationnel ; j'ai simplement dit : « Cela me plaît, cela m'amuse. »

Depuis cette discussion, j'ai souvent repensé à cet épisode pour essayer de trouver à mon intérêt pour la moto des motivations moins aléatoires et plus concrètes, mais je suis à chaque fois revenu à mon point de départ : si l'on enlève les motifs passionnels, il n'existe aucune raison logique pour préférer la moto à la voiture.

Une personne qui aime bien courir vit une expérience plus ou moins analogue, c'est-à-dire que, d'un point de vue exclusivement rationnel, il lui est difficile d'expliquer aux autres les motifs de sa passion. Le fait que la course à pied soit bonne pour la santé n'entre même pas en ligne de compte. Entendons-nous bien, les revues médicales et les statistiques affirment toutes qu'en courant on évite certaines maladies, mais, quand on en parle avec quelqu'un qui pratique la course, on découvre qu'au fond, cet aspect n'intéresse pas tellement les coureurs et ceux-ci courraient même si on leur disait que c'est mauvais pour la santé. D'ailleurs, la plupart des gens qui commencent à courir sur les conseils de leur médecin, pour retrouver une bonne forme physique ou bien pour faire de l'exercice, continuent à courir, s'ils aiment le faire, même quand la période critique est passée. Le contraire se produit rarement : les personnes qui n'aiment pas courir acceptent difficilement de le faire même pour régler des problèmes physiques. Ils iront peut-être transpirer dans un gymnase, mais pas se fatiguer sur une piste d'athlétisme.

Courir n'est donc pas seulement un hobby, une passion sportive, c'est aussi une synthèse homogène et équilibrée entre un geste athlétique et une émotivité. C'est un sport qui fait intervenir les muscles et qui nécessite aussi des stimulations et des motivations mentales. « Cela me plaît, cela m'amuse » : ce constat simple et peut-être banal est tout à fait adapté parce qu'il est vécu à la première personne par le coureur. Cette affirmation peut être vérifiée tout simplement en enfilant des chaussures et en commençant à pratiquer le sport le plus ancien, le plus naturel et le plus spontané que l'homme ait jamais conçu.

Nous sommes nés pour courir

On peut affirmer que la structure physique d'un homme est faite pour le mouvement puisque son appareil locomoteur, c'est-à-dire l'ensemble de ses muscles, de ses tendons, de ses os et de ses articulations, représente environ 70 % de sa masse corporelle globale. C'est pour cette raison que si le repos est naturellement utile après l'effort, les effets de l'immobilité prolongée se font inévitablement sentir sur tout l'organisme : **les muscles perdent du tonus et se raccourcissent**, devenant ainsi faibles et flasques, **les articulations réduisent leur mobilité, les cartilages s'amincissent** et provoquent, dans les cas les plus graves, de véritables dégénérescences et des pathologies qui entraînent une coordination des mouvements de moins en moins efficace.

Chez les enfants, l'immobilité donne lieu à une augmentation de tous les problèmes liés à la croissance (dos voûté, scoliose de la colonne vertébrale, omoplates décollées, genoux valgus, pieds plats, etc.).

Ce sont de véritables maladies qui, selon les cas, peuvent être soignées par la gymnastique corrective, c'est-à-dire par le mouvement.

En outre, les effets de l'immobilité peuvent être beaucoup plus graves sur les organes internes. **L'homme sédentaire peut être plus facilement sujet que le sportif à des maladies métaboliques** telles que l'obésité, le diabète et l'hyperuricémie. Chez les fumeurs invétérés et « sédentaires », le risque est de voir apparaître des bronchites chroniques, des artériopathies oblitérantes, des phlébites aux membres inférieurs.

Le manque d'activité physique entraîne l'**augmentation des risques d'artériosclérose précoce** : quand **les artères perdent de leur élasticité, s'épaississent et durcissent**, le risque d'infarctus du myocarde augmente, accompagné parfois de la dégénérescence et de la nécrose des tissus cardiaques.

Les bienfaits pour le corps

On peut donc affirmer que la vie sédentaire est mauvaise et que l'entraînement physique est bon. **La course**, en particulier, **réduit la fréquence cardiaque** au repos, **augmente la capacité vitale des poumons** et un très grand volume respiratoire **améliore également l'oxygénation des tissus**. L'augmentation des performances musculaires **permet** également de **mieux supporter la fatigue physique**. Quand on court, **on régularise**, en outre, **les fonctions de l'appareil digestif** et l'on augmente son appétit sans excès : une bonne activité sportive tend, en effet, à équilibrer le centre cérébral de la faim en stimulant l'envie d'une meilleure qualité de nourriture au détriment d'une plus grande quantité.

Il est aussi connu que **quand on pratique un sport, on tombe moins malade**, ce que l'on peut expliquer par le fait que l'entraînement calme le stress : plus la préparation progresse, plus la capacité de supporter le stress physique des entraînements intenses, et donc les maladies, augmente. Il ne faut pas non plus oublier qu'**une efficacité physique plus grande se reflète aussi dans le domaine sexuel**. Le nombre de rapports peut être plus important et l'on perçoit mieux les sensations de plaisir : ce bienfait s'accompagne d'un élargissement de tous les vaisseaux sanguins, y compris ceux du cœur.

En effet, **les veines et les artères**, pour faire face à l'augmentation du besoin en oxygène des muscles, **s'élargissent et se développent**. Cela donne parfois naissance à de nouveaux réseaux de vaisseaux sanguins appelés « anastomotiques », qui améliorent l'irrigation sanguine dans toutes les parties du corps. Ces nouveaux réseaux se chargent de l'apport en oxygène vers les tissus, même si les vaisseaux sanguins « traditionnels » se bouchent, diminuant ainsi les risques d'infarctus.

Les bienfaits pour le cœur

Après ce que nous venons de voir, il est évident que la course peut être considérée comme une forme de prévention des maladies cardiaques. Si l'on examine les différents facteurs qui peuvent déclencher un infarctus, on remarque que beaucoup d'entre eux sont liés à de mauvaises habitudes de vie comme l'assimilation régulière d'aliments gras, le tabac ou, précisément, le manque d'activité physique. Pour tous ces cas la course remplit une double action correctrice : elle agit sur ces mauvaises habitudes en empêchant l'athlète de continuer à les suivre et, en même temps, elle apporte un remède aux effets nuisibles que ces habitudes ont apportés jusqu'alors.

Par exemple, une mauvaise alimentation peut donner lieu à une proportion déséquilibrée de graisses dans le sang et à une concentration excessive en cholestérol, un élément qui peut se déposer sur les parois des artères s'il est en présence de lipoprotéines de basse densité (grosses molécules chargées du transport des graisses et appelées « LDL » [en anglais *Low Density Lipoprotein*]). Au fil du temps, cela peut entraîner de véritables occlusions qui rendent les vaisseaux sanguins inutilisables, privant ainsi de nourriture et d'oxygène tous les tissus qu'ils irriguent.

Dans ce cas, **l'activité physique réduit la formation des lipoprotéines LDL et favorise la concentration d'autres lipoprotéines de haute densité appelées « HDL »** (en anglais *High Density Lipoprotein*), **qui s'opposent justement au dépôt de cholestérol sur les parois des vaisseaux.** Il faut rappeler que la concentration d'HDL dans le sang d'une femme est supérieure à celle que l'on observe dans le sang d'un homme. Ces valeurs ont toutefois tendance à se rapprocher après 40 ans et à être équivalentes quand la femme entre en ménopause. **Chez l'homme comme chez la femme, l'HDL réduit les risques d'artériosclérose et d'infarctus** et le plus grand soin porté à l'alimentation par ceux qui débutent une activité sportive se traduit souvent par une moindre ingestion de substances au fort taux de cholestérol.

Le tabac multiplie également les risques : il favorise non seulement l'apparition de nombreuses maladies respiratoires (laryngo-trachéites, bronchites chroniques, emphysèmes, etc.), mais il déclenche aussi une série de troubles circulatoires. Comme la cigarette contient de véritables poisons comme le phénol et des hydrocarbures polycycliques insaturés, le risque d'apparition de tumeurs est plus important. Ces risques sont limités si la consommation journalière ne dépasse pas cinq cigarettes, mais ils doublent entre cinq et quinze cigarettes et triplent au-dessus de quinze. Le fumeur qui pratique la course ressent davantage l'effet nocif de la cigarette qu'une personne qui ne pratique pas d'activité physique. La **sensation de « souffrance »** qu'éprouve le fumeur, surtout dans la trachée et dans les bronches, le **conduit à réduire inconsciemment sa dose journalière de nicotine, sans ressentir les troubles classiques que l'on observe fréquemment chez ceux qui arrêtent de fumer** (nervosité, irritabilité, état dépressif).

La course à pied joue également un rôle bénéfique sur l'hypertension (pression sanguine trop élevée), **elle prévient le diabète et l'hyperuricémie et élimine le stress psychique puisqu'elle permet d'évacuer les tensions nerveuses.** En revanche, la course à pied ne peut rien contre la prédisposition à l'infarctus due à des causes héréditaires, facteur à risque latent mais concret qui nous donne l'occasion de faire une observation : la personne qui pratique une activité sportive réduit beaucoup ses chances d'avoir affaire à un cardiologue, mais elle ne doit pas s'imaginer que cela suffit à éloigner complètement le risque d'infarctus.

Quand on a déjà eu un infarctus, il ne faut pas avoir peur de se mettre à courir : **un cœur même mal en point** est et reste en fin de compte un muscle et, comme tel, **il tire profit d'un entraînement régulier et équilibré**. Ainsi dans certains pays (Allemagne, Nouvelle-Zélande, États-Unis et Australie), on organise des marathons sur la distance réglementaire de 42,195 kilomètres, réservés aux personnes ayant eu un infarctus. Les temps réalisés par les participants ne sont évidemment pas de niveau mondial, mais ils vont tous jusqu'à la ligne d'arrivée et aucun accident cardiaque n'a été à déplorer jusqu'à présent : cela démontre que la pratique d'une activité sportive est importante pour réhabiliter les personnes après un infarctus, alors que celles-ci sont le plus souvent confinées dans une vie sédentaire avec l'idée fausse que le moindre effort risquerait de leur nuire.

Les bienfaits pour l'esprit

Un bien-être général et une efficacité physique sont les principaux résultats obtenus par tous ceux qui pratiquent une discipline sportive quelconque qui nécessite un travail physique intense. Quand il est en action, le coureur à pied ressent deux types de sensations de bien-être : la première, corporelle, est tangible et concrète ; la seconde, plus difficile à définir, est perçue par son esprit. En effet, l'entraînement physique ne nous rend pas simplement légers, actifs et vifs dans nos mouvements, souples dans nos articulations et rapides dans nos réflexes, il aide aussi notre esprit à être plus réactif et plus serein, ce qui favorise aussi notre disponibilité et notre bonne humeur.

Naturellement, les préoccupations et les problèmes qui surgissent avec les rythmes de vie actuels ne peuvent pas être surmontés en se mettant simplement à courir, de même qu'une « bonne suée » n'a jamais provoqué d'augmentation de salaire ni résolu des difficultés professionnelles. Toutefois, un travail musculaire nous fait vivre pendant quelques heures hors de notre dimension habituelle : ces situations deviennent des moments de relaxation qui apportent, d'une part, la forme physique et qui permettent, d'autre part, de se recharger psychologiquement, de trouver de nouvelles énergies pour affronter la vie avec plus de combativité et de détermination.

Il n'y a rien de plus relaxant que de courir : quelques kilomètres parcourus dans un cadre agréable apportent de la sérénité à l'esprit en renforçant l'équilibre et la stabilité émotive. L'état dépressif disparaît et laisse la place à la joie de vivre. De même, la sensation de fatigue améliore la qualité du sommeil : on se fatigue, mais on dort mieux et on améliore ses facultés de récupération. Celui qui n'a jamais couru peut difficilement comprendre ce qu'il y a de mental dans l'action d'un coureur à pied et il n'y aurait rien d'étonnant à ce qu'il interprète le contenu de ce livre comme une promotion publicitaire pour une activité qui lui semble monotone et fatigante.

En réalité, il en va tout autrement et il suffit pour s'en rendre compte de penser au lien étroit qui, depuis l'Antiquité, lie l'homme aux formes de mouvement les plus naturelles et les plus spontanées comme la nage et, précisément, la course. En outre, pendant des siècles, la position sociale et hiérarchique d'un individu a toujours été liée aux performances de ses muscles. Ce n'est qu'avec la civilisation moderne, après l'arrivée des machines, que l'homme est parvenu à réduire le nombre de tâches fatigantes à accomplir, en instaurant une société dans laquelle les qualités intellectuelles priment sur les qualités physiques. Ce passage n'a toutefois pas été indolore comme en témoigne l'hypokinésie, considérée comme une maladie, qui est une sorte d'atrophie physique et mentale causée par le manque de mouvement. Retrouver nos capacités motrices a donc une signification qui va bien au-delà du cadre de la compétition et qui dépasse toutes considérations thérapeutiques ou esthétiques : c'est surtout une façon de retrouver notre identité, de redécouvrir les racines lointaines qui sont encore enfouies en nous, dans notre ADN, ces facultés et ces énergies intérieures qui ont permis à nos ancêtres, il y a de nombreux siècles de cela, de se relever, de se mettre debout et de conquérir le monde.

Tout le monde peut courir

Il y a encore quelques années, les gens qui couraient dans les parcs ou dans les rues étaient regardés avec curiosité par les passants « ordinaires », c'est-à-dire par ceux qui ne couraient pas. Aujourd'hui, la situation a complètement changé et le fait de courir pour maintenir sa forme est devenu une pratique entrée dans les mœurs, même si elle est exercée par quelqu'un qui connaît des problèmes physiques ou qui est âgé. On peut courir partout, seul ou accompagné. Celui qui court n'a non seulement plus à subir l'ironie des autres, mais il suscite même, le plus souvent, un léger sentiment d'envie parmi ceux qui le regardent. En outre, grâce aux progrès de la technique et à l'arrivée sur le marché de vêtements adaptés, il n'est plus nécessaire d'attendre la belle saison pour commencer à courir : ainsi, la pluie ou le gel ne peuvent pas arrêter celui qui a l'intention de « se dérouiller sérieusement les jambes ». **Tout le monde peut courir et en toutes saisons.** Il ne faut donc pas trop craindre les petits ennuis physiques éventuels provoqués par cette activité. En effet, quand elle est pratiquée comme un loisir et sans viser la compétition, la course à pied non seulement ne provoque aucun ennui de santé, mais, au contraire, peut résoudre ceux qui sont éventuellement déjà présents. Ce n'est pas un hasard si le jogging est depuis plusieurs années proposé comme remède à une large série d'ennuis physiques et de maladies et également s'il existe des centres spécialisés qui utilisent la course à pied pour faire retrouver un bon fonctionnement cardiaque aux personnes ayant subi un infarctus.

Ceux qui ont pratiqué un sport pendant leur jeunesse et, plus généralement, **ceux qui ont toujours exercé une légère activité physique peuvent commencer à courir sans être obligés d'aller d'abord chez le médecin** (ce conseil est également valable pour les personnes âgées et, en général, pour tous ceux qui n'ont pas de problème de poids). **La visite chez le médecin s'impose, en revanche, pour les personnes qui sont atteintes d'une maladie congénitale ou qui n'ont jamais pratiqué de sport** et qui ne savent pas, *a priori*, comment leur corps va réagir à un effort prolongé. Dans ce cas, une visite préventive est obligatoire, mais elle ne doit absolument pas être passée chez le médecin de famille, mais chez un véritable médecin du sport exerçant, si possible, dans un centre spécialisé de médecine sportive.

On peut trouver la liste de ces centres dans *les Pages jaunes* de l'annuaire, à la rubrique « Médecins : médecine et biologie du sport ».

L'âge n'est pas un problème

Dans le monde entier, les médecins sont tous d'accord pour affirmer que **l'exercice physique est primordial pour**

assurer une vie sereine et active à une personne âgée. Naturellement, il ne faut pas exagérer en pensant que « tout fonctionne » ni oublier – et ce conseil est aussi valable pour une personne ayant des problèmes de poids – qu'il n'existe pas deux individus identiques. En règle générale, on peut estimer qu'une personne de **plus de 50 ans ayant toujours pratiqué un minimum d'activité physique peut courir sans problème**, à condition qu'elle commence progressivement et qu'elle se soumette une fois par an à une visite médicale spécifique.

Une personne âgée qui n'a, en revanche, jamais couru de sa vie, n'a jamais pratiqué d'autres activités sportives ou les a pratiquées il y a très longtemps, devra être plus prudente : une visite préventive est obligatoire, l'approche de l'activité devra être très progressive et l'aide d'un entraîneur fortement conseillée. Ainsi, **la progression dans l'effort est une notion fondamentale pour éviter qu'en pratiquant la course, une personne âgée ne voi**e **surgir des ennuis ou des problèmes, mais l'âge du pratiquant ne doit pas constituer un motif de préoccupation en soi.** Ceux qui suivent les épreuves amateurs de course à pied savent très bien qu'il n'est pas rare de trouver sur la ligne de départ de fringants grands-pères de 70 ans et plus qui, une fois en course, en remontrent à plus d'un jeune.

Il faut rappeler qu'**une activité sportive adaptée associée à un contrôle régulier du poids corporel peut prolonger la durée de la vie**. Des études médicales effectuées dans le monde entier ont démontré que, surtout **entre 50 et 70 ans, la mortalité était trois fois moins importante chez les sportifs** que chez les sédentaires. Les raisons pour lesquelles un exercice physique peu stressant comme celui qu'offre la course à pied peut prolonger la durée de la vie sont multiples et ont été en partie expliquées précédemment. Il faut cependant ajouter qu'un individu entraîné physiquement aura plus de réserves à utiliser s'il devait tomber malade. Une personne de 80 ans qui ne s'entraîne pas physiquement a, par exemple, un appareil respiratoire qui limite l'utilisation d'oxygène à un litre à la minute ; si cette personne pratiquait un minimum d'activité physique, elle pourrait disposer d'une réserve double utile en cas d'affections pulmonaires aiguës.

Les personnes grosses peuvent aussi courir

On peut aussi courir si l'on est en condition de surcharge pondérale, à condition que l'on effectue une série de longues promenades avant de courir véritablement. Cette précaution permet au corps de s'adapter lentement **aux efforts athlétiques plus importants qui suivront et qui ne devront** de toute façon **commencer que quand le sujet sera proche de son poids de forme.** Toutefois, ce paramètre n'est pas le même pour tout le monde et c'est pour cela que vous trouverez quelques tableaux dans les pages suivantes qui indiquent le poids de forme d'un individu selon son sexe, son âge et sa corpulence. Comme vous pourrez le remarquer, il existe de fortes différences entre hommes et femmes et, au sein d'un même sexe, entre des individus de taille et d'âge différents. Dans d'autres tableaux, nous avons mis en évidence le besoin énergétique correspondant à différentes activités professionnelles et vous pourrez aussi remarquer les grandes variations qui existent, par exemple, entre les besoins d'une personne qui exerce un travail manuel et ceux d'une autre personne qui reste assise derrière son bureau. On peut donc en déduire qu'**il n'existe pas de poids de forme « idéal » ni un régime alimentaire qui convienne à**

On voit bien la semelle particulière de ces chaussures

Modèle récent de chaussures vu de profil

tout le monde : nous devons tous faire en sorte que l'exercice physique que nous pratiquons et la quantité d'aliments que nous ingérons correspondent à nos besoins personnels. Il faut donc bien avoir conscience que les hommes et les femmes ne sont pas tous égaux et que chacun de nous présente des caractéristiques physiques et morphologiques bien définies, contre lesquelles il est inutile de s'acharner. Rien ne nous empêche de tout faire pour essayer d'améliorer notre aspect extérieur, mais il y a des limites que l'on ne peut pas dépasser et qui ne peuvent toutefois pas être atteintes en quelques semaines. Nous devons donc nous accepter en essayant d'être patient et sans attendre des miracles du sport, surtout s'il n'est pour nous qu'un passe-temps et un moment de détente.

La tenue

Les chaussures

Les chaussures représentent le véritable équipement sportif, le seul, si j'ose dire, dont un coureur ait vraiment besoin. Il est indispensable que les caractéristiques de la chaussure s'adaptent à l'utilisation que l'on compte en faire et aux exigences anatomiques de son propre pied, sans se préoccuper de son « look » ou de l'aspect esthétique.

La semelle, par exemple, doit être plus ou moins renforcée selon le type de sol sur lequel on pense courir : les terrains souples (sable, herbe, terre non battue) nécessitent des semelles renforcées qui permettent un minimum d'adhérence ; sur l'asphalte ou sur le sol dur, la semelle doit, au contraire, être lisse pour bien prendre appui sur le terrain. **La partie antérieure de la chaussure devra** ensuite **être très flexible dans le sens de la longueur** pour ne pas gêner les flexions du pied, mais en même temps **garantir un minimum de rigidité dans la torsion** pour que l'appui soit ferme. **Il est, en revanche, préférable que la partie postérieure de la chaussure soit élastique sous la compression** pour amortir l'impact du talon sur le sol tout en **le bloquant fermement** pour ne pas qu'il glisse latéralement. Il faut également que la semelle **soit légèrement rehaussée** au

talon par rapport à la partie antérieure pour favoriser le travail du tendon d'Achille et qu'il y ait une petite semelle pour soutenir l'ensemble de la zone plantaire. **Le laçage doit permettre** à l'empeigne de **s'adapter au pied** sans que celui-ci soit endolori ; dans la partie antérieure de la chaussure, l'empeigne doit se refermer sur les doigts de pied de façon à leur laisser un minimum de liberté de mouvements. *Dulcis in fundo*, la chaussure doit assurer au pied **une ventilation adaptée** et **ne doit pas être trop lourde ni faite avec des matériaux** trop **fragiles**. Quand on court pour la première fois, on ne peut pas savoir quels sont les défauts qui vont apparaître ni même les deviner en observant les chaussures que l'on uti-

---

CONSEILS D'UTILISATION

*1. **Les chaussures de jogging ne doivent jamais être utilisées pour d'autres activités que la course.** Évitez donc de les transformer en chaussures de loisirs.*

*2. Après chaque **entraînement, il faut laisser les chaussures à l'air libre**, si possible dans un endroit frais, sec, aéré, mais pas au soleil. En hiver, si vos chaussures sont mouillées, il faut éviter de les faire sécher directement sur un radiateur.*

3. Si vos chaussures se salissent pendant que vous courez, ce n'est pas très grave et il faut éviter de les mettre dans la machine à laver après chaque sortie. Il est bon de les laver de temps en temps, mais il est inutile d'être trop maniaque étant donné que ces chaussures sont destinées à fouler le sol à chaque sortie. Si elles prennent la boue, il suffit de les laisser sécher, puis de les brosser pour retirer une grande partie des incrustations.

*4. **Ne vous entraînez jamais et ne participez jamais non plus à des courses importantes avec des chaussures flambant neuf.** Après votre achat, il est conseillé de respecter une courte période de « rodage » (deux ou trois jours) pendant laquelle vous les utilisez comme chaussures de détente.*

*5. **Quand on met des chaussures neuves** ou qui viennent d'être lavées, **il est conseillé** d'enfiler une paire de chaussettes et de **s'enduire les doigts de pied et le talon de vaseline**, pour éviter l'apparition d'ampoules.*

*6. Une chaussure est sujette à deux types d'usure : l'usure physique, facile à voir, et l'usure fonctionnelle, liée à la perte d'élasticité. De ces deux usures, la seconde est la plus insidieuse parce qu'elle est de l'ordre de la sensation et ne peut être décelée qu'avec un peu d'expérience (la frappe du pied sur le sol devient sèche et dure). **Évitez donc d'user vos chaussures jusqu'à la corde** et remplacez-les dès que vous avez l'impression que votre appui a perdu ses caractéristiques de souplesse originelle.*

*7. **Les chaussures de la dernière génération sont étudiées pour tenir compte du poids de l'athlète.** Au moment de l'achat, ne trichez pas avec le vendeur et ne faites pas comme si vous alliez perdre quelques kilos.*

8. Évitez d'acheter des chaussures dont la rigidité est réglée par des systèmes pneumatiques ou mécaniques : ils ne servent qu'à augmenter le prix des chaussures et il a été prouvé statistiquement qu'ils se cassent au bout de quelque temps. En outre, un néophyte risque de se faire mal en utilisant les réglages.

*9. Des chaussures normales s'assouplissent au fil du temps et deviennent confortables. Les chaussures de jogging, au contraire, ne doivent pas s'assouplir ou sinon être remplacées. **Il ne faut donc jamais acheter des chaussures de course un peu étroites en espérant qu'elles s'élargiront avec le temps** : la pointure choisie doit être la bonne.*

lise quotidiennement. Ce n'est qu'en courant et en observant l'usure et l'affaissement des semelles et des empeignes au fil du temps que l'on pourra comprendre précisément si notre appui est plus ou moins bon. On pourra alors savoir si les chaussures que l'on porte sont adaptées à nos besoins ou, au contraire, s'il faut avoir recours aux chaussures de type « correctives », étudiées spécialement pour remédier à d'éventuels problèmes d'appui.

Ce choix doit naturellement être discuté avec l'entraîneur ou, si vous n'en avez pas, avec le marchand auquel vous devrez, sans en éprouver de la gêne, montrer votre première paire de chaussures usées. Il est inutile de dépenser trop d'argent pour la première paire de chaussures étant donné que vous serez certainement amené à les changer rapidement. En revanche, vous ne devez pas hésiter à mettre le prix à partir de la deuxième paire : quand les distances s'allongent, la qualité des chaussures devient un élément fondamental pour garantir aux pieds et aux genoux des conditions de travail optimales.

La tenue d'été

La tenue d'un coureur doit se réduire au minimum, aussi bien pour que sa peau soit au contact de l'air que pour éviter qu'il ait à porter des kilos d'habits mouillés quand il commence à transpirer.
En été, il fait très chaud et, quand on court, on a tendance à consommer de l'énergie et à produire de la chaleur : il est donc important d'évacuer celle-ci en exposant directement la plus grande surface possible de peau à l'air pour que la sueur s'évapore et se refroidisse, ainsi que le corps. Il faut que **la tenue soit réduite** mais **pas entièrement éliminée** puisque le tissu d'un vêtement permet d'augmenter la surface d'exposition de la sueur à l'air : un short et un maillot

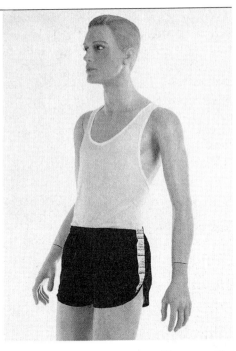

Short et maillot

ajouré constituent une tenue excellente. Les hommes devront également porter un slip fermé (pas de caleçon) et il est conseillé aux femmes de protéger leur poitrine des secousses en portant un soutien-gorge approprié. Aux pieds, il faut porter des chaussettes en coton-éponge sans jambière.

La tenue d'hiver

Courir sous un climat froid sans protection adaptée peut être dangereux, surtout pour l'abdomen. Néanmoins, trop se couvrir n'est pas non plus une solution. L'idéal consiste à empiler plusieurs couches de vêtements et à les retirer au fur et à mesure que l'on ressent une chaleur excessive. Les jambes doivent être protégées d'un caleçon en Lycra doublé en coton ; le buste peut être couvert d'un maillot à manches longues, d'un sweat-shirt pas trop épais et d'un blouson en laine polaire (lui aussi pas trop épais).

Il est indispensable de se couvrir les jambes pendant la saison froide

Dès que l'on est un peu réchauffé, on commence par retirer le blouson, puis, éventuellement, le sweat-shirt. Aux pieds, il faut enfiler des chaussettes en coton-éponge avec des jambières hautes qui arrivent au-dessus du mollet ou alors des chaussettes légères en laine. S'il fait très froid, on peut mettre deux sweat-shirt, sans oublier un bonnet en laine. Il est important de ne pas copier les vieux coureurs qui sortent même sous la neige en maillot à manches courtes et en short après s'être réchauffé les muscles grâce à des massages à base d'huile de camphre : ils sont probablement habitués et ne ressentent pas le gel, mais les personnes qui débutent risquent de connaître l'accident classique si elles sortent ainsi.

CONSEILS PRATIQUES

Quand il ne fait ni chaud ni froid, c'est à chacun de se régler en fonction de ses besoins. Les plus frileux peuvent se protéger les jambes avec un caleçon en Lycra non doublé et le buste avec un maillot à manches courtes et un sweat-shirt. Ceux qui pensent, en revanche, ne pas avoir froid peuvent effectuer une sortie avec un short et un maillot à manches longues. Les chaussettes sont recommandées dans les deux cas. Attention ! les coureurs qui ne sont pas intéressés par la compétition n'utilisent habituellement pas de vêtements imperméables. Quand il pleut un peu, ils courent avec leur tenue traditionnelle et quand il pleut beaucoup, ils s'arrêtent de courir et attendent que la pluie cesse. Les tenues imperméables ne sont, en effet, pas conseillées parce qu'elles provoquent une plus forte transpiration, ce qui, dans les cas les plus graves, peut entraîner une déshydratation.
*Évitez aussi les habits moulants ou en tissu rêche qui peuvent provoquer des inflammations. Si cela se produit, protégez la partie du corps en question avec **une légère couche de vaseline** qui servira de lubrifiant et réduira le frottement entre la peau et le tissu.*
Ce conseil est surtout valable pour les seins, les aisselles, l'aine, l'intérieur des cuisses et les doigts de pied.
Emmenez avec vous le minimum : un ou deux mouchoirs en papier ne causent aucune gêne, mais ce n'est pas le cas des clés de la maison ou de la voiture : gardez-les dans la main en ne laissant sur le trousseau que les clés indispensables.
Si vous courez le soir fixez à votre short un petit réflecteur rouge (comme celui qui est utilisé par les cyclistes) ou portez un bandeau réfléchissant à la taille ou sur les épaules.

PREMIÈRE PARTIE
L'ALIMENTATION

Courir ne fait pas maigrir

C'est souvent l'envie de « retrouver sa ligne » qui constitue la motivation principale de quelqu'un qui décide de commencer à courir.

Il faut tout de suite préciser que s'il est vrai que **la course à pied entraîne une consommation des graisses corporelles**, il est également vrai que **cette action n'est pas suffisante pour perdre du poids** et qu'elle peut même provoquer une stimulation de l'appétit. **Si l'on veut maigrir, il faut** donc **associer à la course un régime alimentaire équilibré, rigoureux et ayant un faible contenu calorique.**

Les personnes « grosses » ne doivent pas s'imaginer que le simple fait de remuer les jambes va les aider à réduire les réserves de lipides qu'elles ont accumulées au cours des années. Naturellement, **l'exercice physique permet de brûler** beaucoup de **calories (en moyenne une au kilomètre par kilo de poids corporel), mais l'amaigrissement véritable** ne **s'obtient que si la somme des énergies dépensées** pendant la journée (en comptant donc également celles qui sont éliminées avec la course à pied) **est supérieure à la somme des calories ingérées avec la nourriture.** Si ce rapport n'est pas respecté, on peut courir jusqu'à épuisement sans perdre un seul gramme.

La constitution physique

D'un point de vue médical, il existe trois types de constitution physique différents et chacun de ces types présente un poids de forme optimal qui lui est propre. On trouve ainsi les **« leptosomes », de constitution maigre** ou même gracile, les **« athlétiques », d'une corpulence normale**, et les **« adipiques », dont la taille est plus épaisse.**

Pour savoir à peu près à quel groupe vous appartenez (en n'oubliant pas que ce n'est pas une règle mathématique et que chaque individu est un cas à lui tout seul), vous pouvez mesurer la circonférence de votre poignet et, grâce aux tableaux des pages suivantes, en déduire votre ossature, qui est un paramètre généralement directement lié à la corpulence.

Une fois que vous aurez trouvé quel est votre poids de forme et établi si vous en êtes loin ou non (n'oubliez pas qu'un écart de 3 ou 4 kilos ne constitue pas grand-chose), vous pourrez définir votre besoin calorique quotidien, en fonction du type de profession que vous exercez. Ensuite, vous ajouterez à ce chiffre la somme des **calories dépensées en courant** que l'on évalue en moyenne, je vous le rappelle, **à une calorie au kilomètre par kilo de poids corporel.**

Selon le résultat que vous obtiendrez,

17

vous pourrez établir un régime qui vous fera grossir ou maigrir.

Toutefois, n'oubliez **jamais que dans ce domaine, le « bricolage » peut être dangereux : des consultations régulières chez un bon diététicien vous éviteront de commettre des erreurs et vous permettront d'atteindre plus rapidement vos objectifs.**

Sachez également que les tableaux que vous trouverez dans les pages suivantes se réfèrent à des moyennes relevées à partir de statistiques internationales et que leur valeur n'est donc qu'indicative. Ne vous inquiétez pas si vous ne vous retrouvez pas dans les valeurs que nous publions : ce qui est important, c'est le rapport que chacun d'entre nous parvient à instaurer avec son propre corps. Si vous êtes potelé mais que vous vous sentez bien, que vous communiquez avec les gens, que vous avez des centres d'intérêt et une personnalité, n'essayez pas de détruire votre façon d'être simplement parce que les anorexiques sont « à la mode » ou parce que le tableau vous indique que vous avez des kilos en trop : **on peut courir avec succès sur la route et dans la vie, même avec quelques kilos en plus !**

Évidemment, vous vous fatiguerez plus en courant que quelqu'un qui est fluet et élancé et, sur une même distance, vous arriverez certainement quelques minutes après lui, mais est-ce vraiment important ? On court pour se relaxer, pas par esprit de compétition, et les performances réalisées dans un jardin public n'ont que peu d'importance.

Le rapport entre ossature et poids

Il existe plusieurs systèmes pour déterminer son poids de forme idéal, ou plutôt celui qui est statistiquement le plus courant. Une de ces méthodes s'appuie sur le type d'ossature qui caractérise chacun de nous et relie directement ce paramètre important à la corpulence, puis au poids. On peut facilement connaître son type d'ossature : **il suffit de mesurer la circonférence de son poignet avec un mètre de couturière ordinaire.** À l'aide du tableau de la page ci-contre, on recherche ensuite le sigle qui correspond à la circonférence de son poignet en fonction de sa taille. Les sigles reproduits ci-dessous sont utilisés par les Américains pour définir les tailles de vêtements :

xxs	ossature et corpulence très légères
xs	corpulence légère
s et **s/m**	corpulences moyennes-légères
m	corpulence moyenne
m/l et **l**	corpulences moyennes-lourdes
xl	corpulence lourde
xxl	corpulence très lourde

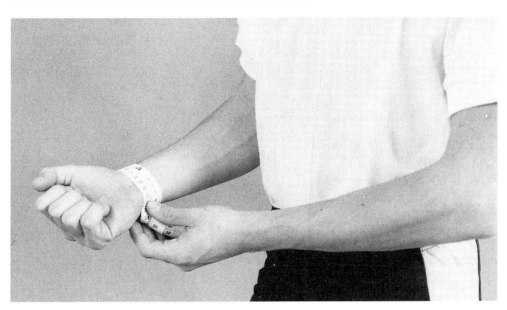

La mesure de la circonférence du poignet avec un mètre de couturière

Circonf. poignet (cm)	Hauteur (cm)				
	≤ *150*	*151-160*	*161-170*	*171-180*	≥ *181*
10	xxs	xxs	xxs	xxs	xxs
11	xs	xxs	xxs	xxs	xxs
12	s	xs	xxs	xxs	xxs
13	s/m	s	xs	xxs	xxs
14	m	s/m	s	xs	xxs
15	m/l	m	s/m	s	xs
16	l	m/l	m	s/m	s
17	xl	l	m/l	m	s/m
18	xxl	xl	l	m/l	m
19	xxl	xxl	xxl	xxl	xl

Les tableaux des poids de forme

Une fois que vous aurez identifié votre type de corpulence, il ne vous sera pas difficile de remonter à votre poids de forme optimal, une donnée que vous trouverez dans les tableaux qui suivent et qui distinguent les hommes des femmes. **Des écarts allant jusqu'à 4 % par excès ou par défaut doivent être considérés comme normaux**. N'oubliez pas que vous devez vous peser le matin, l'estomac vide et après avoir accompli vos obligations corporelles. Vous devez monter nu sur la balance.

POIDS DE FORME POUR LES FEMMES DE CORPULENCE LÉGÈRE (KG)

Taille (cm)	Âge (ans)									
	21-24	25-29	30-34	35-39	40-44	45-49	50-54	55-59	60-64	65-70
150	47	47	48	48	48	48	48	47	46	46
152,5	48	48	49	49	49	49	49	48	47	47
155	49	50	50	50	50	50	50	49	48	48
157,5	50	51	52	52	52	52	51	51	49	49
160	51	52	53	53	53	53	52	51	50	50
162,5	52	54	54	54	54	54	53	53	52	52
165	54	56	56	56	56	56	55	56	54	54
167,5	56	57	58	58	58	58	56	56	56	56
170	57	59	59	59	59	59	58	58	57	57
172,5	59	61	61	61	61	61	60	60	59	59
175	61	62	63	63	63	63	61	61	61	61
177,5	62	64	64	64	64	64	63	63	63	63
180	64	65	66	66	66	66	66	66	64	64

POIDS DE FORME POUR LES HOMMES DE CORPULENCE LÉGÈRE (KG)

Taille (cm)	Âge (ans)									
	21-24	25-29	30-34	35-39	40-44	45-49	50-54	55-59	60-64	65-70
155	50	51	52	52	52	52	52	51	51	50
157,5	51	52	53	53	53	53	52	52	51	51
160	52	53	54	54	54	54	54	53	52	51
162,5	54	55	56	56	56	56	55	55	54	53
165	56	57	58	58	58	58	57	56	55	55
167,5	57	59	60	60	60	60	59	59	57	57
170	59	60	61	61	61	61	61	60	59	58
172,5	60	62	63	63	63	63	62	62	61	60
175	62	63	65	65	65	65	64	64	62	62
177,5	63	65	66	66	66	66	66	65	64	63
180	65	67	69	69	69	69	68	68	66	66
182,5	67	70	71	71	71	71	70	70	69	68
185	69	72	73	73	73	73	73	72	71	71

POIDS DE FORME POUR LES FEMMES DE CORPULENCE MOYENNE (KG)

Taille (cm)	Âge (ans)									
	21-24	25-29	30-34	35-39	40-44	45-49	50-54	55-59	60-64	65-70
150	51	52	53	52	52	51	51	50	49	49
152,5	52	53	54	53	53	52	52	51	50	50
155	52	53	56	54	53	53	52	52	51	51
157,5	54	55	58	56	55	54	54	54	53	52
160	56	57	59	58	57	57	56	56	55	54
162,5	57	58	61	59	58	58	57	57	56	55
165	59	60	63	61	60	60	59	59	58	57
167,5	61	62	64	63	62	61	62	60	60	59
170	62	63	66	64	64	63	63	62	61	61
172,5	64	65	68	66	66	65	65	64	63	63
175	66	67	70	68	67	67	66	66	65	65
177,5	67	68	72	70	69	68	68	67	66	66
180	69	70	72	72	71	70	70	69	69	68

POIDS DE FORME POUR LES HOMMES DE CORPULENCE MOYENNE (KG)

Taille (cm)	Âge (ans)									
	21-24	25-29	30-34	35-39	40-44	45-49	50-54	55-59	60-64	65-70
155	52	54	55	55	55	54	54	53	52	52
157,5	54	55	56	56	56	55	55	54	53	53
160	56	57	58	58	57	57	56	56	55	55
162,5	58	59	60	60	59	59	58	58	57	56
165	60	61	62	62	61	61	60	60	59	58
167,5	61	62	64	64	63	62	62	61	60	60
170	63	64	65	65	65	64	64	63	62	61
172,5	65	66	67	67	66	66	66	65	64	63
175	66	68	69	69	69	68	68	67	66	66
177,5	69	70	72	72	71	71	70	70	69	68
180	71	73	74	74	74	73	73	72	71	71
182,5	73	76	77	77	77	76	76	75	74	73
185	76	78	80	80	79	79	78	78	77	77

132 lb

POIDS DE FORME POUR LES FEMMES DE CORPULENCE LOURDE (KG)

Taille (cm)	Âge (ans)									
	21-24	25-29	30-34	35-39	40-44	45-49	50-54	55-59	60-64	65-70
150	57	57	58	59	58	57	57	56	56	55
152,5	57	58	59	59	59	58	58	57	57	56
155	58	59	59	59	59	58	58	57	57	56
157,5	60	61	62	62	61	61	60	60	59	58
160	61	61	62	62	62	61	61	60	59	59
162,5	63	64	65	65	65	64	64	63	62	61
165	64	65	66	66	66	65	65	64	63	62
167,5	69	69	70	70	69	69	68	68	66	66
170	69	70	71	71	70	70	69	69	68	67
172,5	71	72	73	73	73	72	72	71	70	69
175	73	74	75	75	74	74	73	73	71	71
177,5	76	77	78	78	77	76	76	75	74	74
180	77	78	79	79	79	78	78	77	76	76

POIDS DE FORME POUR LES HOMMES DE CORPULENCE LOURDE (KG)

Taille (cm)	Âge (ans)									
	21-24	25-29	30-34	35-39	40-44	45-49	50-54	55-59	60-64	65-70
155	62	64	65	65	65	64	64	63	62	61
157,5	63	65	66	66	65	65	64	64	62	62
160	65	66	67	67	67	66	66	65	63	63
162,5	67	68	69	69	68	68	67	67	65	65
165	69	70	71	71	70	70	69	69	67	67
167,5	71	72	73	73	72	72	71	71	69	69
170	72	74	75	75	74	74	73	73	71	71
172,5	74	76	77	77	76	76	75	74	73	73
175	77	78	80	80	79	79	78	78	76	76
177,5	79	81	82	82	81	81	80	80	78	78
180	81	84	85	85	85	84	84	83	82	81
182,5	83	86	87	87	87	86	86	85	84	83
185	85	87	89	89	88	88	87	87	86	85

La notion de poids est subjective

Les tableaux présentés ci-avant ne sont pas les seuls qui existent pour savoir si votre poids est excessif ou non.

Il en existe beaucoup d'autres, ainsi que de véritables méthodes de calcul analogues à celles que vous trouverez ci-après, c'est-à-dire l'IMC (indice de la masse corporelle) et le rapport taille/poids.

On peut dire qu'au fil des années, des spécialistes ont élaboré leurs propres tableaux et leurs propres méthodes de calcul, confirmant ainsi que l'obésité, dans une certaine limite, est une notion entièrement subjective et qu'**il n'existe pas de critère absolu auquel on puisse se référer**.

Il y a une troisième méthode pour mesurer la quantité de graisse corporelle présente chez une personne : il faut mesurer l'épaisseur des « plis cutanés » qui se forment quand on « pince » sa peau avec un instrument particulier. L'avantage de ce système, c'est qu'il ne repose pas sur des considérations générales, mais sur une analyse médicale précise qui doit, à ce titre, être effectuée par un spécialiste.

Indice de la masse corporelle (IMC)

Cet indice se calcule grâce à la formule reportée ci-après. **Il varie entre 20 et 25 chez l'homme et entre 19 et 24 chez la femme**. Si l'indice est de un à cinq points supérieur aux valeurs comprises dans cette fourchette, cela signifie que la personne doit maigrir, mais si l'indice trouvé est supérieur de plus de cinq points, c'est qu'il s'agit déjà d'une situation à risque.

$$\text{IMC (indice de masse corporelle)} = \text{poids (en kilos)}/\text{taille}^2 \text{ (en mètres)}$$

Rapport poids/taille

La formule de Broca, du nom de son auteur, est plus simple que la précédente. Elle établit une relation constante entre le poids et la taille :

$$P \text{ (poids)} = T \text{ (taille en centimètres)} - 100$$

Ainsi, selon Broca, un sujet qui mesure 170 centimètres devrait peser théoriquement 70 kilos. Toutefois, ce spécialiste précise que cette formule doit être corrigée par une série de paramètres qui tiennent compte de la typologie de l'individu et de son sexe.

Le besoin énergétique quotidien

Quand on fait de la course à pied, il faut prêter attention à son régime alimentaire : on doit faire en sorte **que la quantité d'énergie dépensée dans la journée**, qui se calcule en additionnant la quantité d'énergie nécessaire pour accomplir ses activités professionnelles et celle qui est « brûlée » pendant que l'on court (je vous rappelle que c'est en moyenne une calorie par kilo de poids corporel pour chaque kilomètre parcouru) **soit égale** (ou supérieure si l'on veut maigrir) **à la quantité d'énergie**, c'est-à-dire de calories, **ingérée pendant les repas**.

Dans les pages qui vont suivre, vous trouverez les tableaux présentant le contenu calorique des boissons et des aliments les plus répandus, ainsi que ceux indiquant le besoin énergétique quotidien des hommes et des femmes selon leur activité physique.

En multipliant le contenu calorique d'un aliment (le nombre placé à côté de chaque aliment indique les **calories contenues dans une quantité de 100 grammes**) par la quantité ingérée et en additionnant les calories qu'apporte chaque aliment durant un repas, vous pourrez calculer, à peu près, le nombre de calories absorbées.

En ce qui concerne les deux tableaux qui se rapportent au besoin énergétique, il faut rappeler que les valeurs indiquées se réfèrent à des **personnes dont la structure corporelle est moyenne**, et ces valeurs doivent donc être interprétées en ce sens. La colonne A indique le nombre de calories que l'on dépense en dormant, c'est-à-dire celles qui sont nécessaires pour survivre. Le nombre de calories indiquées dans la colonne B s'applique aux personnes qui exercent des activités sédentaires. La colonne C s'adresse à ceux qui, pendant leur travail, pratiquent une activité physique modérée. Enfin, les besoins énergétiques reportés dans la colonne D sont ceux d'une personne exerçant une activité fatigante.

Il est également important de souligner qu'**un processus d'amaigrissement physique doit se dérouler calmement et sans brûler les étapes**. En moyenne, pour perdre **un kilo de graisse** (le perdre sérieusement, c'est-à-dire le dépenser entièrement), il faut brûler environ **7 000 calories** : si l'activité est correctement répartie sur **deux semaines**, elle ne cause aucun dommage. Dans la pratique, cela signifie qu'il faut dépenser en moyenne 500 calories par jour, ce qui équivaut, pour un homme pesant 80 kilos, à une course de 6 kilomètres, c'est-à-dire environ une **demi-heure d'activité sportive quotidienne**.

Ne vous laissez pas tromper par les pertes de poids que l'on enregistre après chaque sortie et qui sont liées exclusivement qu'à une perte de liquides due à la transpiration.

Il s'agit de faux amaigrissements parce que ces pertes sont rapidement compensées par le corps soit en buvant, soit en tirant directement des aliments les liqui-

Pâtes et riz
Pâtes................377
Pâtes aux œufs.381
Riz 362

Viandes
Agneau............336
Bœuf 130
Canard 300
Chapon.............302
Cheval..............117
Dinde 150
Oie 354
Porc..................390
Poule................302
Poulet..............175
Veau 94

Charcuteries
Jambon blanc ...422
Jambon cru 502
Salami..............472
Saucisse 342
Saucisson.........472

Poissons et crustacés
Anguille 255
Bar 85
Calamar 72
Carpe 95
Colin 74
Crevette 77
Dentex 106
Dorade 82
Hareng 211
Langouste 88
Maquereau 169
Merlu 97

Morue 107
Poulpe 60
Rouget.............113
Sardine
à l'huile............214
Sardine fraîche.115
Seiche 76
Sole 84
Tanche................80
Thon à l'huile ..198
Thon frais 124
Truite 88

Lait et fromages
Camembert 290
Crème fraîche ..204
Emmenthal.......375
Fromage
de chèvre..........336
Gorgonzola 363
Gruyère 385
Lait écrémé 36
Lait entier 65
Mozzarelle
au lait
de bufflonne.....339
Mozzarelle
au lait de vache 251
Munster............322
Parmesan 389
Yaourt 69

Légumes, tubercules et olives
Artichaut............51
Aubergine 24
Bette...................27
Betterave...........42
Brocolis 29
Carotte 40

Champignons
frais 13
Chicorée............20
Chou 24
Chou-fleur 25
Citrouille............31
Concombre 12
Courgette 18
Épinards.............20
Fenouil...............10
Fève 74
Haricot frais 144
Haricot sec 330
Laitue.................15
Lentilles 339
Navet 32
Oignon 45
Olives................130
Petits pois frais...98
Poireau...............44
Pois chiche........320
Poivron 25
Pomme de terre..83
Radis 20
Tomate 20

Fruits frais
Abricot...............50
Amande 597
Ananas 53
Banane 88
Cerise.................60
Citron.................32
Figue..................72
Fraise 37
Mandarine..........44
Melon.................20
Noix de coco......28
Orange 45
Pamplemousse...40
Poire...................40

Pomme..............50
Prune..................50
Raisin................72

Champignons et fruits secs
Cacahuètes.......600
Champignons ..155
Datte 284
Figue................248
Noisette............663
Noix 646
Pruneau............268

Condiments et pain
Beurre 716
Huile d'olive....900
Margarine 720
Pain blanc 263
Pain complet 240

Sucreries
Cacao 293
Chocolat...........550
Confiture..........278
Miel 294
Sucre blanc 385

Boissons
Alcools forts 240
Bière 35
Vin 73

des nécessaires. Il faut, en outre, éviter l'association entre un régime hypocalorique (dans la pratique « une faible alimentation ») et l'effort physique : **manger peu et courir beaucoup est le meilleur moyen de se faire du mal**.

BESOIN ÉNERGÉTIQUE QUOTIDIEN (HOMMES)				
Taille (cm)	Activité			
	A	B	C	D
160	1 400	1 850	2 300	2 750
162,5	1 400	1 900	2 350	2 850
165	1 450	1 950	2 400	2 900
167,5	1 500	2 000	2 500	3 000
170	1 550	2 050	2 550	3 050
172,5	1 600	2 100	2 650	3 150
175	1 600	2 150	2 700	3 250
177,5	1 650	2 250	2 800	3 350
180	1 700	2 300	2 850	3 400
182,5	1 750	2 350	2 900	3 450
185	1 800	2 400	3 000	3 500

BESOIN ÉNERGÉTIQUE QUOTIDIEN (FEMMES)				
Taille (cm)	Activité			
	A	B	C	D
150	1 150	1 500	1 900	2 250
152,5	1 150	1 550	1 950	2 350
155	1 200	1 600	2 000	2 400
157,5	1 250	1 650	2 050	2 500
160	1 250	1 700	2 100	2 500
162,5	1 300	1 750	2 200	2 600
165	1 350	1 800	2 250	2 700
167,5	1 400	1 850	2 300	2 800
170	1 450	1 900	2 400	2 850
172,5	1 500	1 950	2 450	2 950
175	1 500	2 000	2 500	3 050

Manger de façon équilibrée

Un régime équilibré et efficace ne peut pas reposer uniquement sur les contenus caloriques des aliments : **il est, en effet, également nécessaire de connaître la composition des différents aliments pour pouvoir en déduire leur apport nutritif effectif**. Ne manger que des fruits, par exemple, enrichirait le corps en vitamines, mais le priverait de protéines, alors qu'un régime à dominante carnivore entraînerait une carence en hydrates de carbone. Voyons donc quelles sont les « briques » qui permettent à notre organisme de construire ses propres structures.

Les protéines

Quand on parle de « briques », on fait obligatoirement référence aux protéines qui permettent à notre corps de construire ses tissus ou de remplacer ceux qui ont été endommagés. Ainsi, **les protéines ne sont pratiquement jamais utilisées pour produire de l'énergie, mais elles sont essentielles pour la croissance** : un régime équilibré devrait donc prévoir l'absorption d'au moins un gramme de protéines par kilo de poids corporel. L'apport en protéines doit toutefois être beaucoup plus important dans le cas d'une personne jeune, d'une femme enceinte ou d'un athlète qui cherche à renforcer sa puissance musculaire.

Les hydrates de carbone

Les hydrates de carbone constituent le carburant principal du corps. On a calculé qu'un athlète avait besoin d'environ 400 grammes d'hydrates de carbone par jour, qui proviennent soit de l'absorption de sucres (hydrates de carbone rapides qui ne doivent toutefois pas dépasser 10 % du besoin quotidien), soit de l'absorption d'amidons (hydrates de carbone à assimilation lente).

Les graisses

Considérées comme un aliment nuisible aussi bien pour la ligne que pour les performances athlétiques, elles ont été bannies pendant des années de la table des sportifs. En réalité, elles sont importantes dans un régime équilibré, en raison du **rôle qu'elles jouent dans la création des « réserves » énergétiques** : le corps peut y puiser quand il a utilisé les autres « carburants ».

En effet, quand la durée d'un effort se prolonge au-delà de deux ou trois heures, il peut arriver que les réserves de glycogène musculaire soient épuisées. Dans ce cas, l'énergie nécessaire pour continuer l'activité commence à être obtenue, parfois jusqu'à plus de 85 % des besoins, en puisant dans d'autres réserves, et principalement dans les graisses. Ce qui rend dangereux les graisses, ce n'est pas leur nature même, mais c'est le fait qu'en général on a tendance à trop en ingérer et donc à accumuler des réserves qui ne seront jamais utilisées. On a calculé qu'une personne normale pouvait ingérer chaque jour un gramme de graisses, de préférence d'origine végétale, par kilo de poids corporel.

Les vitamines

Ce ne sont pas des substances qui produisent de l'énergie ni des « briques » pour construire quoi que ce soit, mais **elles sont indispensables pour assurer le bon déroulement des réactions chimiques sur lesquelles repose l'activité du corps**. Il n'existe que vingt-trois vitamines différentes et la plupart d'entre elles peuvent être ingérées directement en mangeant des fruits et des légumes.

Les sels minéraux

Comme les vitamines, les sels minéraux **sont des substances essentielles pour le bon fonctionnement du corps**, mais elles ne servent ni à construire quoi que ce soit, ni à produire de l'énergie.
Un régime équilibré remplit en général automatiquement le besoin quotidien en sels minéraux, mais, en cas de nécessité, on peut avoir recours à ce que l'on appelle les « reconstituants ».

Les valeurs nutritionnelles

Le tableau de la page ci-contre indique les **valeurs nutritionnelles (en grammes)** de certains aliments. Nous avons également indiqué les vitamines qui étaient le plus présentes dans les différentes catégories d'aliments.

Quelques exemples concrets

Dans les encadrés de cette page, voici deux exemples de menus adaptés aux personnes qui pratiquent la course à pied. Il s'agit uniquement d'exemples : **il est conseillé à ceux d'entre vous qui auraient des problèmes d'alimentation de consulter un diététicien.**

RÉGIME À FAIBLE TENEUR EN GLUCIDES DE 3 000 KILOCALORIES

Petit déjeuner
Thé ou café
Œuf dur avec 100 g de jambon blanc

Déjeuner
Bouillon
200 g de viande
100 g de gruyère

Dîner
Bouillon
200 g de viande
300 g d'épinards assaisonnés

Fruits à volonté

RÉGIME À HAUTE TENEUR EN GLUCIDES DE 3 000 KILOCALORIES

Petit déjeuner
Lait et café
100 g de pain et 50 g de confiture

Déjeuner
150 g de riz
100 g de viande
100 g de pommes de terre bouillies assaisonnées avec du citron et du sel
100 g de pain et 50 g de confiture

Goûter
50 g de pain et de miel
Lait

Dîner
100 g de riz
100 g de poisson
50 g de pommes de terre avec du citron
100 g de pain
50 g de fromage et une banane

VALEURS NUTRITIONNELLES DE QUELQUES ALIMENTS POUR UNE QUANTITÉ DE 100 G				
Aliment	*Protéines*	*Hydrates de carbone*	*Graisses*	*Vitamines*
Pâtes, riz, pain				
Pain	13	70	2	
Riz	7	80	2	B_1, B_2, PP
Pâtes	13	70	2	
Viandes et charcuteries				
Bœuf	21	0	4	
Charcuteries	28	0	1	
Porc	15	0	37	B_1, B_2, PP
Poulet	19	0	11	
Veau	0	1	11	
Poissons				
Anguille	15	1	25	
Colin	17	0	1	
Thon	22	0	8	A, B_2, D, PP
Truite	15	0	3	
Laitages				
Beurre	1	1	83	
Lait	3	5	3	
Œufs	4	4	4	A, B_1, B_2, D, E
Yaourt	13	1	11	
Fromages				
Emmenthal	27	1	31	
Parmesan	36	1	26	A, D, E
Légumes				
Carotte	1	9	0	
Chou	2	3	1	
Epinards	3	3	1	
Poivron	1	4	1	A, B_1, C, E, K
Pomme de terre	2	16	1	
Tomate	1	3	1	
Fruits				
Banane	1	23	1	
Orange	1	12	1	
Poire	1	9	1	A, C
Pomme	1	14	1	
Sucreries				
Chocolat	8	56	30	
Miel	1	80	0	
Boissons				
Bière	1	4	0	
Sodas	1	10	0	
Vin	0	10	0	

Attention à l'alcool, au café et au thé !

Ceux qui courent pour leur plaisir n'ont pas besoin d'améliorer leurs performances en se dopant, mais il peut arriver qu'ils le fassent sans le savoir, simplement en buvant un peu trop de café dans la journée ou bien trop d'alcool.

L'alcool

C'est une boisson qui n'est pas naturelle et qui peut provoquer de graves dommages aux tissus et au système nerveux si elle est ingérée en trop grande quantité. En revanche, l'alcool peut remplir une fonction digestive utile et servir de vasodilatateur si on en boit en quantité modeste et pendant les repas ou bien juste après. Le vin, en particulier, contient des sels minéraux d'une valeur indéniable, mais il ne faudrait pas en boire plus d'un demi-litre par jour.

La caféine et la théine

Contrairement à ce que l'on pense habituellement, la caféine et la théine non seulement ne stimulent pas l'action sportive, mais peuvent même réduire les performances. Des expériences ont été menées sur des athlètes qui avaient ingéré une dose de caféine équivalente à trois tasses de café : au cours du marathon qui a suivi, leurs performances ont baissé de 7 %.

DEUXIÈME PARTIE
L'ENTRAÎNEMENT

Comment évaluer
sa condition physique ?

Quiconque exerce une activité sportive a tendance à améliorer constamment ses performances, indépendamment du fait que son activité débouche sur la compétition ou ne reste qu'un loisir.

Il n'existe pas d'athlètes qui n'aient une telle ambition et il est donc logique que, même quelqu'un qui ne court que pour son plaisir ait toujours envie d'aller au-delà de ses limites. Certains coureurs veulent améliorer leur vitesse, d'autres leur résistance, mais il s'agit toujours et uniquement des deux revers d'une même médaille : à la base, il y a le désir de se mettre à l'épreuve, de tester ses propres capacités. Pour les athlètes qui pratiquent la compétition, ce souci permanent de l'amélioration est sanctionné le plus logiquement et le plus naturellement qui soit avec le chronomètre : celui-ci mesure le temps qu'il faut pour parcourir une distance fixe et définie à l'avance, toujours la même. C'est le juge le plus impartial et le plus objectif auquel on puisse se confronter, le seul « arbitre » que rien ni personne ne peut corrompre.

Ceux, en revanche, qui ne courent que pour garder la forme et changent donc fréquemment d'itinéraire, de durée et de distance d'entraînement n'ont pas la possibilité de se mesurer au chronomètre. Cela n'aurait d'ailleurs aucun sens puisque ce n'est pas la performance en soi qu'ils recherchent, mais plutôt une vérification de leur propre potentiel physique. C'est pour cette raison que **les tests d'auto-évaluation**, mis au point par de grands entraîneurs, sont très utiles pour ceux que l'on désigne sous le terme « d'amateurs ». Il s'agit, pour l'essentiel, d'**épreuves athlétiques** qui n'ont rien à voir avec les compétitions classiques. Ces épreuves ne **fournissent pas un « classement » ayant une valeur absolue, mais une donnée en liaison avec la performance et dont l'interprétation ne peut se faire qu'en utilisant les tableaux appropriés**. Ces derniers sont élaborés en fonction des facteurs qui influent sur la performance (âge, sexe, poids, etc.) afin d'obtenir un jugement final personnalisé qui soit étranger à toute logique compétitive. Pour obtenir des données objectivement correctes et fiables, il faut que ces tests se déroulent de façon systématique : il est préférable, en particulier, que ceux qui n'ont jamais fait de course à pied effectuent ces tests avant de commencer leur activité pour avoir un instantané de leur condition physique à « l'instant zéro ». Ensuite, ces tests sont effectués au moins une fois tous les deux mois, y compris par les athlètes qui courent depuis longtemps.

La fréquence cardiaque

Certains tests d'auto-évaluation sont basés sur le relevé de la fréquence cardiaque, un paramètre fondamental qui permet également de mettre en place une méthode d'entraînement correcte.

La fréquence cardiaque se mesure en pulsations par minutes (ppm) et peut être relevée de deux façons :

a) en comptant les battements cardiaques pendant 10 secondes et en multipliant leur nombre par six ;

b) en comptant les battements cardiaques pendant 15 secondes et en multipliant leur nombre par quatre.

Pour effectuer cette mesure, il faut utiliser un chronomètre en respectant une règle importante : le décompte doit commencer en même temps qu'un battement cardiaque, mais ce dernier, qui donne le signal de départ au chronométrage, ne doit pas être comptabilisé. Il faut également observer qu'**en utilisant la méthode des 15 secondes, on multiplie par quatre une erreur éventuelle, alors que si l'on compte les battements car**diaques sur une base de 10 secondes, **on multiplie l'erreur par six**.

Les battements cardiaques peuvent être relevés sur la gorge, à la hauteur de la carotide (à côté et légèrement sous la pomme d'Adam) ou au poignet. Pour des raisons pratiques, il faut éviter d'effectuer directement la mesure en plaçant la paume de la main sur la poitrine. Le relevé des battements cardiaques effectué comme nous l'avons décrit ne peut être exécuté qu'après un exercice ou un « step » d'entraînement, c'est-à-dire à l'arrêt. Ceux qui veulent, en revanche, également contrôler leur cœur pendant l'entraînement et en temps réel doivent utiliser un cardio-fréquencemètre, instrument muni d'un cadran qui relève les battements par radio grâce à un capteur placé sur le thorax, à la hauteur du

La mesure des battements cardiaques sur la carotide : la main droite est posée sur la veine, la main gauche porte la montre

La mesure des battements cardiaques sur le poignet droit avec la montre placée sur le poignet gauche

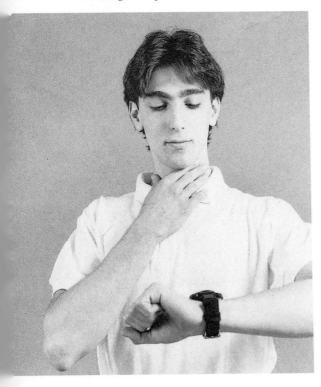

cœur. Ce système est naturellement assez coûteux et son usage est plutôt réservé aux personnes ayant des problèmes de santé. Il est d'ailleurs également conseillé à ces derniers de travailler avec un entraîneur sérieux.

Le test de Cooper

Il s'agit d'une épreuve mise au point par le médecin américain Kenneth Cooper dans les années soixante-dix pour évaluer rapidement mais efficacement la condition physique des aviateurs nord-américains. Ce test, très simple, **consiste à courir** (si on y parvient) ou à marcher **pendant 12 minutes sur un terrain plat en essayant de parcourir le plus de distance possible. Il ne faut cependant pas arriver au terme des 12 minutes « au bord de l'asphyxie », c'est-à-dire**

presque hors d'haleine (cœur qui bat à plus de 150 battements à la minute, respiration très essoufflée, jambes dures, etc.). Une fois l'épreuve terminée, on mesure la distance parcourue exprimée en mètres (sur une piste d'athlétisme, il suffit de compter les tours) et on rapporte cette donnée aux valeurs fournies par le tableau reproduit ci-dessous : **à chaque distance parcourue correspond une condition physique en fonction de l'âge et du sexe du coureur.** Ce tableau a été élaboré sur la base de plus de 23 000 tests effectués d'abord sur des individus sans préparation athlétique, puis sur les mêmes personnes après qu'elles se soient soumises à une période d'entraînement de quelques mois.

Ce tableau a par la suite été actualisé grâce à des résultats provenant des centres de médecine sportive du monde entier.

Condition physique		Âge (ans)			
		Moins de 30	De 30 à 39	De 40 à 49	Plus de 50
Insuffisante	Homme	moins de 1 610	moins de 1 530	moins de 1 370	moins de 1 200
	Femme	moins de 1 530	moins de 1 370	moins de 1 200	moins de 1 100
Moyenne	Homme	1 610-2 000	1 530-1 840	1 370-1 670	1 290-1 590
	Femme	1 530-1 840	1 370-1 670	1 290-1 590	1 100-1 350
Assez bonne	Homme	2 010-2 400	1 850-2 240	1 690-2 080	1 610-2 080
	Femme	1 850-2 160	1 690-2 000	1 530-1 840	1 370-1 670
Bonne	Homme	2 410-2 800	2 250-2 640	2 090-2 480	2 100-2 400
	Femme	2 170-2 640	2 010-2 480	1 850-2 320	1 690-2 160
Très bonne	Homme	plus de 2 820	plus de 2 650	plus de 2 490	plus de 2 410
	Femme	plus de 2 650	plus de 2 490	plus de 2 330	plus de 2 170

Le test d'élévation des jambes (« skip-test »)

Il s'agit d'**une épreuve effectuée à l'arrêt qui simule une course de vitesse** : dans la pratique, il s'agit de sauter alternativement sur une jambe puis sur l'autre en levant les genoux le plus haut possible. **On « sautille » pendant 1 minute et 20 secondes, puis on s'arrête. Après 75 secondes de repos, on compte ses pulsations cardiaques** et leur fréquence permet de déterminer sa condition physique d'après le tableau ci-contre.

Condition physique	Pulsations
Insuffisante	plus de 130
Moyenne	entre 130 et 110
Assez bonne	entre 110 et 95
Bonne	entre 95 et 80
Très bonne	moins de 80

L'élévation des jambes

Le step-test

Il s'agit d'un test semblable au précédent qui est souvent exécuté dans les centres de médecine sportive. **Il consiste à monter et à descendre une marche de 50 centimètres de haut pour les hommes et de 40 centimètres pour les femmes, au rythme « d'une marche » toutes les demi-secondes pendant 3 minutes consécutives. À la fin de l'exercice, on se repose pendant 75 secondes et on compte ses pulsations.** Le résultat obtenu est déterminé grâce au tableau ci-contre.

Condition physique	Pulsations
Insuffisante	entre 160 et 130
Moyenne	entre 130 et 105
Assez bonne	entre 105 et 85
Bonne	entre 85 et 70
Très bonne	entre 70 et 60

Séquence de step

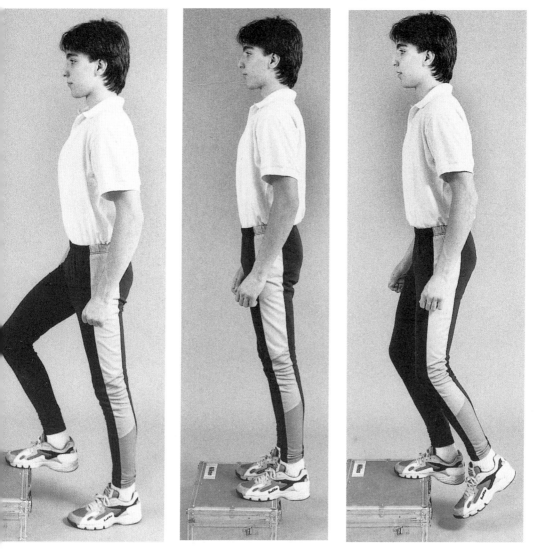

39

Le test de Conconi

Il s'agit d'un test assez complexe qui, pour être effectué avec précision et efficacité, nécessite la présence d'une personne qui assiste l'athlète. C'est **le test le plus scientifique parmi tous ceux que nous avons décrits jusqu'à présent**. Le professeur Conconi est un des techniciens italiens les plus connus dans le monde. Il a suivi la préparation de nombreux athlètes parmi lesquels le cycliste Francesco Moser et le coureur Alberto Cova. **Cette épreuve permet de déterminer avec précision le seuil aérobie de chaque individu**, c'est-à-dire le moment où les muscles « commencent à fatiguer ». Cette définition est un peu simpliste mais suffisamment claire pour indiquer le moment où les muscles, après avoir brûlé l'oxygène apporté par le sang, commencent à s'alimenter avec les réserves de sucre du corps et donc à produire de l'acide lactique.

Nous expliquerons plus loin en détail ce que ce phénomène entraîne : pour le moment, il suffit de savoir que **plus le seuil aérobie est haut, plus l'athlète est préparé**.

Ce test est effectué sur un terrain plat d'environ 100 mètres de long. Le coureur doit parcourir plusieurs fois cette distance à une vitesse la plus régulière possible et **en mesurant à chaque fois à l'arrivée le temps qu'il lui a fallu pour parcourir ces 100 mètres ainsi que le nombre de ses battements cardiaques**. Cette distance doit être couverte au moins cinq fois et les données nécessaires (temps de parcours et battements cardiaques) sont obtenues en faisant la moyenne mathématique de trois des cinq mesures, que l'on obtient après **avoir écarté la meilleure et la moins bonne des performances**. Cela signifie que l'athlète doit courir cinq fois la même distance, toujours à la même vitesse, mais qu'il ne tirera qu'un seul temps et qu'une seule fréquence cardiaque de ces cinq épreuves.

Après avoir effectué les cinq épreuves et effectué les calculs correspondants, on recommence le test en courant à une vitesse un peu plus élevée. Le test continue jusqu'à ce que l'athlète arrive à la limite de ses possibilités. On reporte ensuite les temps sur une feuille quadrillée (les secondes sont sur l'axe horizontal) ainsi que les pulsations par minute (les ppm sur l'axe vertical) correspondant aux différentes épreuves, de façon à obtenir un diagramme. En reliant tous les points on remarque que le tracé est droit jusqu'à une certaine portion du diagramme, puis qu'il s'infléchit vers le haut. La fréquence cardiaque qui correspond au début de ce fléchissement est celle qui coïncide avec le seuil aérobie, c'est-à-dire avec le moment où les muscles « commencent à fatiguer ».

Un exemple vous expliquera mieux le déroulement du test.

Supposons que vous couriez sur une distance de 100 mètres. Vous effectuez la première épreuve en 34 secondes avec une fréquence cardiaque de 135 ppm ; vous courez la deuxième épreuve en 36 secondes avec 133 ppm ; la troisième série est conclue en 38 secondes avec 130 ppm, la quatrième en 35 secondes avec 133 ppm et vous courez le cinquième 100 mètres en 33 secondes pour 138 ppm. Vous écartez les séries trois et cinq (la plus lente et la plus rapide) et vous faites la moyenne des trois autres ; vous obtenez un temps moyen de 35 secondes (34 + 36 + 35 divisé par 3) pour une moyenne de 134 ppm. Vous effectuez alors cinq autres courses, mais à une vitesse plus élevée, en écartant de nouveau le meilleur résultat et le « moins bon ». Vous calculez la nouvelle moyenne avec les trois résultats les plus homogènes : supposons que vous ayez obtenu un temps de 31 secondes pour une fréquence de 141 ppm. Vous continuez le test jusqu'à ce que vous alliez très vite et vous inscrivez dans un tableau (voir ci-contre) toutes les moyennes que vous avez calculées au fur et à mesure.

Si vous reportez ensuite ces données sur un diagramme, vous pouvez remarquer que la droite qui représente vos performances commence à s'infléchir aux alentours de 160 pulsations à la minute, ce qui correspond, sur 100 mètres, à un temps de 22 secondes. En multipliant ce

sec.	ppm
35	134
31	141
29	146
27	150
24	155
22	160
19	170
16	184

dernier par dix, vous obtiendrez le temps, exprimé en secondes, qu'il vous faudra pour parcourir un kilomètre (220 secondes). En divisant enfin le nombre de secondes obtenu par 60, vous trouverez

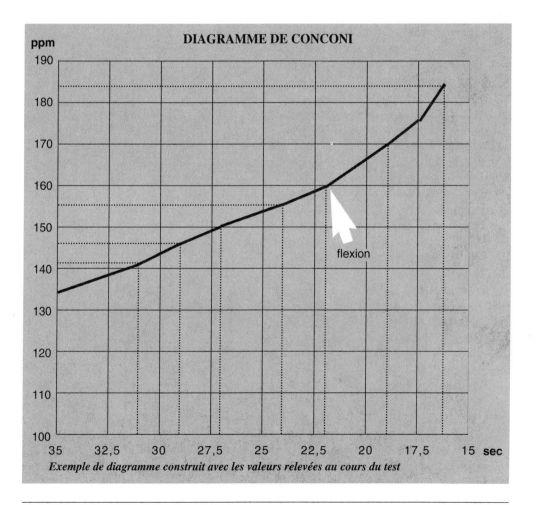

DIAGRAMME DE CONCONI

flexion

Exemple de diagramme construit avec les valeurs relevées au cours du test

le temps, exprimé en minutes et en secondes, de votre performance aérobie sur 1 000 mètres. Si votre seuil aérobie est de 3 minutes et 40 secondes au kilomètre, cela signifie qu'à cette vitesse ou en dessous, vous n'aurez pas de pro-blème particulier lié au stress physique. En renouvelant le test tous les deux mois, vous pourrez constater que les résultats varient et que votre limite s'élève au fur et à mesure que vous vous entraînez.

La première étape : la marche

« Qui veut aller loin ménage sa monture », dit le proverbe et, même si cela peut sembler paradoxal, il n'existe pas de meilleure expression pour résumer le comportement à adopter quand on aborde pour la première fois le monde de la course à pied.

Il faut donc écarter l'idée de partir aussitôt, de se lancer à se couper le souffle dans les allées des parcs et même de défier les autres coureurs de fond, une tentation qui peut être forte si l'on se sent en forme et que l'on conçoit le sport avec une mentalité typiquement occidentale.

En effet, contrairement à ce qui se passe en Orient, où certaines disciplines sont pratiquées par pur plaisir, toutes les activités sportives sont associées chez nous à la notion de compétition et il n'existe pas de geste athlétique, quelle que soit la spécialité, qui puisse être considéré comme une fin en soi. Cela signifie que tous les sports sont vécus par les athlètes et les spectateurs uniquement et exclusivement du point de vue de la compétition : ce sont des défis inoffensifs scandés par le temps qui passe. Cette façon de penser est certainement stimulante pour quelqu'un qui court depuis longtemps, pour quelqu'un qui est entraîné et pour tous ceux qui cherchent constamment à améliorer leurs performances, mais elle peut, au contraire, être très dangereuse pour un débutant qui ne connaît pas encore ses propres possibilités.

Éviter le stress

Dans ce cas, le risque est de s'engager dans des efforts qui ne sont pas encore supportables et seront donc « refusés » par le corps, aussi bien physiquement que mentalement. Parmi ces deux revers, c'est d'ailleurs certainement le deuxième qui est le plus gênant. Une légère crise respiratoire, l'apparition de petites ampoules ou une crampe douloureuse sont des petits ennuis faciles à supporter avec un minimum de patience et sans qu'il soit nécessaire de s'adresser à un médecin : ce sont des expériences non traumatisantes qui deviendront plus tard des sources de plaisanterie dans les discussions entre amis. En revanche, il est plus difficile de se convaincre que certaines performances nous sont et nous seront toujours interdites, c'est-à-dire d'accepter nos propres limites, surtout si nos prestations se révèlent très inférieures à nos prévisions les plus pessimistes. Cela peut se produire quand on court sans avoir une notion précise des temps et des distances. Quand on regarde un immeuble de deux étages et que l'on pense que Bubka, l'athlète russe recordman du monde du saut à la perche, pourrait presque sauter sur le toit, on est si émerveillé et si déconcerté que l'on ne pourrait jamais imaginer en faire autant ni même se rapprocher d'un tel exploit. La perception de la valeur d'un athlète qui court 100 mètres en 9,9 secondes est moins immédiate : il faut pour cela s'être déjà placé sur une ligne de départ et savoir que 100 mètres représentent une distance qui peut « vraiment » être longue. Dans cette situation, on peut aussi penser que, dans le fond, avec un minimum d'entraînement, on pourrait se rapprocher des 9,9 secondes, peut-être en descendant d'abord sous les 11 ou, au pire, sous les 12 secondes. Les chaussures aux pieds, la tentation de voir immédiatement et concrètement quelles sont ses limites peut devenir forte et entraîner deux situations différentes. Si on parvient à courir ces 100 mètres sans grosse difficulté, on sera satisfait, même en constatant que l'on n'est pas « descendu » sous les 20 secondes. Si, cependant, on arrive sur la ligne d'arrivée « dans tous ses états » ou pire, si l'on doit s'arrêter avant avec la respiration coupée, les jambes dures et le cœur palpitant, cela peut entraîner un sentiment de démotivation, cette conviction de « ne pas y arriver » qui brouille souvent le cerveau des athlètes quand ils sont soumis au stress.

Dans le jargon, on appelle cela une « crise de fatigue », mais un bon coureur de fond parvient à la surmonter grâce à sa détermination et à son expérience. En revanche, pour un débutant, la « crise de fatigue » peut être dramatique et l'éloigner d'une activité qu'il n'avait, en réalité, pas même commencé à pratiquer.

La méthode douce

C'est pour cette raison que je conseille aux débutants de suivre les recommandations exprimées par les proverbes : ne vous mesurez à personne, pas même à vous-même, et n'essayez pas de donner tout et tout de suite. **Il faut**, au contraire, **commencer en marchant**, **ne pas courir** et, surtout, **commencer en éliminant de son esprit toute notion de distance**

et de temps. Cela signifie qu'il ne faut pas se fixer un but à atteindre à tout prix ni établir un temps minimal d'activité. La vitesse ne compte pas, le rythme des foulées ne doit pas vous intéresser, pas plus que l'itinéraire suivi : **il est moins important de savoir « où » aller que « d'aller »**, en prenant une seule précaution, c'est de ne pas trop vous éloigner de chez vous pour pouvoir rentrer rapidement en cas de besoin.

Marcher ne signifie naturellement pas prendre tout son temps et s'arrêter à chaque instant : le rythme suivi doit être vif et, au fil des minutes, l'effort doit produire un léger essoufflement et une bonne transpiration. De nombreux techniciens affirment que **le bon rythme à soutenir au cours des toutes premières sorties est celui qui ne permet au coureur que de discuter difficilement avec quelqu'un tout en courant**. Si l'on ne parvient pas à parler à cause du manque de souffle, cela veut dire que l'on va trop vite, tandis que si le dialogue peut se dérouler rapidement et sans pause, cela signifie qu'il faut allonger le pas. Cette règle peut sembler peu technique et un peu superficielle, mais nous vous rappelons qu'elle ne s'adresse qu'à quelqu'un qui n'a jamais couru de sa vie et qui doit donc passer par un nécessaire « rodage », au même titre qu'un moteur de voiture qui sort de l'usine ou qui est resté longtemps arrêté.

La période de rodage permet également de mieux connaître les lieux où se déroulera ensuite le travail plus sérieux ; en outre, ce rodage s'arrêtera de lui-même au bout de quelques sorties : après quelques promenades, la personne débutante commencera spontanément à courir ou plutôt à trotter sur un rythme qui ne sera peut-être pas plus rapide que celui de la marche précédente, mais qui constituera la base d'un entraînement spécifique et méthodique. Une approche « douce » de la course à pied comme celle que nous venons de décrire évite des désillusions, des traumatismes et du stress, sans rien retirer des effets bénéfiques de l'exercice physique. Naturellement, lors des premières promenades, on ressent des douleurs musculaires pendant une période courte (en général, elles culminent vingt-quatre heures environ après la première sortie), mais elles sont aussitôt suivies d'une sensation générale de légèreté et de dynamisme.

L'approche de la course

Celui qui n'a jamais fait de sport, qui est en surcharge pondérale et qui a un certain âge a tout intérêt à effectuer quelques sorties de préparation en marchant d'un bon pas avant de commencer à courir. L'effort produit est très inférieur à celui que cette personne devra supporter ensuite, mais cela lui permet de solliciter son cœur, ses poumons et ses muscles sans leur faire subir un stress excessif. En général, **le nombre de sorties nécessaires pour effectuer un bon rodage peut être calculé par une simple formule : il faut retirer 20 ans à l'âge de la personne en question et multiplier le résultat obtenu par deux**. Par exemple, il est conseillé à une personne de 60 ans de marcher tous les jours pendant trois mois environ ; naturellement, ce calcul doit être ajusté en fonction de la condition physique de chacun.

Celui qui se sent en forme peut raccourcir la période d'approche et passer rapidement de la marche à la course lente, tandis que la personne qui connaît des problèmes ne doit pas se presser et demander conseil à un médecin sportif pour qu'il lui définisse **une progression correcte**. Une progression correcte qui s'adresse à quelqu'un ne présentant aucun problème physique **peut commencer par une marche de 15 minutes à laquelle on ajoute 10 minutes par jour jusqu'à ce que l'on arrive à un parcours d'une heure**.

Comme nous l'avons dit précédemment, le bon rythme à maintenir pendant la marche est celui qui permet de dialoguer avec quelqu'un sans être trop essoufflé. Bien que cela varie d'un individu à un autre, on peut traduire cette condition en vitesse et l'estimer entre 4 et 6 kilomètres à l'heure.

Est-ce trop ? Est-ce trop peu ? Chacun est libre de juger. Rappelons seulement que 10 km/h est la vitesse d'entraînement des marcheurs sur les longues distances et que 12 km/h est déjà une bonne vitesse qui ne permet plus de dialoguer avec ses compagnons.

Le bien-être immédiat

Quand on commence à courir « en marchant », on découvre que **le mouvement stimule les sens et aide la réflexion**, deux phénomènes qui, en s'associant, permettent de retrouver rapidement cette harmonie et ce dialogue avec soi-même que les rythmes imposés par la société nous font oublier. On apprend à écouter son cœur qui bat, à apprécier le travail de ses poumons, à interpréter le langage de ses muscles et de ses articulations : ces organes s'expriment par mille petits signaux que seul quelqu'un qui court peut interpréter pleinement. On apprend aussi à « sentir » la route, à ressentir ses moindres inclinaisons, les différences d'aspérité de l'asphalte ou la souplesse variée des tapis herbeux. Il est d'ailleurs amusant de constater qu'au fil du temps les jambes répondent de façon différente, mais toujours de plus en plus vite et de plus en plus automatiquement, aux changements de terrain. Comme nous l'avons dit précédemment, ce sont nos jambes elles-mêmes qui nous donnent le signal nous permettant de savoir quand le moment est arrivé de passer aux choses sérieuses, de commencer un **entraînement précis dont l'objectif final n'est pas de battre un record, mais de retrouver la mobilité** sur laquelle repose toute activité sportive. Ce n'est qu'après cette deuxième phase, et donc seulement après s'être assuré que son corps travaille de façon correcte, que l'on pourra penser à aller sur une piste se mesurer au chronomètre, à des adversaires, à soi-même. La présence d'un véritable entraîneur deviendra alors indispensable.

Savoir freiner ses enthousiasmes

Quand une personne commence à courir et donc à s'entraîner, on constate que ses performances s'améliorent rapidement dès ses premières sorties. Cela conduit les néophytes à se surestimer et à imaginer qu'ils ont un physique de champion. Il n'y a rien de plus faux. Comme nous l'expliquerons dans les paragraphes qui vont suivre, les progrès sont liés en réalité à une série de réponses mises en œuvre par notre corps pour faire face à un travail imprévu : ces réponses sont « automatiques » et cohérentes avec la condition physique que nous présentons.

Il ne s'agit donc pas de « progrès » liés à notre entraînement, mais tout au plus d'un réveil des possibilités qui sommeillaient en nous.

Les véritables progrès, ceux liés à la progression de l'entraînement et à l'augmentation des masses musculaires, viendront ensuite et seront bien moins spectaculaires. Si la première fois vous mettez 5 minutes pour parcourir 1 000 mètres, puis 4 minutes la deuxième fois, vous ne devez pas imaginer qu'il ne vous en faudra que trois la fois d'après. Vous découvrirez avec déception que vous descendrez à 3 minutes et 50 secondes et que pour descendre sous la barre des 3 minutes et 40 secondes, il vous faudra suer sang et eau.

Les fibres musculaires

Chez les êtres humains, **les muscles sont constitués de fibres blanches, à contraction rapide, et de fibres rouges, à contraction lente**. La proportion de fibres blanches et de fibres rouges varie d'un muscle à l'autre en fonction de l'action spécifique de ce dernier. Le gastro-cnémien, par exemple, qui est un muscle de la jambe, a une concentration en fibres blanches très élevée pour faire face à des actions instantanées de puissance (par exemple pendant les sauts). En revanche, les muscles impliqués dans des efforts prolongés mais relativement légers sont caractérisés par une forte concentration en fibres rouges. En raison de leurs fonctions différentes, les fibres se nourrissent également de façon différente : en effet, le nombre de capillaires par masse de fibres est moins important dans les fibres blanches que dans les fibres rouges. Ces dernières contiennent surtout plus d'hémoglobines et de mitochondries.

Athlètes	Fibres à contraction rapide (blanches)	Fibres à contraction lente (rouges)
Haltérophiles	55 %	45 %
Marathoniens	18 %	82 %
Nageurs	26 %	74 %
Sauteurs	63 %	37 %
Sprinters	63 %	37 %

La répartition des fibres est liée à des facteurs héréditaires et il semblerait que l'entraînement ne puisse rien changer à ces proportions. Il en résulte que certains sujets sont par nature faits pour les sports de détente et de puissance et que d'autres sont faits pour les activités d'endurance. Vous pourrez observer page 47 un exemple de variations dans la répartition des fibres blanches et rouges chez certains sportifs de haut niveau, selon la discipline qu'ils pratiquent.

Le développement musculaire

Si un muscle travaille sans charge, même pendant des heures, il développe peu de force. Au contraire, un muscle qui se contracte en développant plus de 50 % de sa force maximale accroît rapidement ses performances même s'il n'est entraîné que quelques heures par jour. On constate en particulier que, **chez un individu non entraîné, la force musculaire augmente de 30 % pendant les six à huit premières semaines, mais que sa croissance est ensuite beaucoup plus limitée**. Cela est dû au fait **qu'au début, le muscle a la capacité de produire davantage d'énergie**. Des facultés qui n'étaient jusqu'alors que latentes entrent en jeu. **Dans un second temps, en revanche, c'est la véritable masse musculaire qui augmente**, phénomène qui survient assez lentement. L'augmentation de la masse musculaire est appelée hypertrophie et est déterminée principalement par le niveau de sécrétion de testostérone. Grâce à l'entraînement, on peut parvenir à une hypertrophie de 60 %, liée essentiellement à l'augmentation du diamètre des fibres plutôt qu'à une augmentation de leur nombre.
Les changements que l'on constate dans un muscle hypertrophié sont :
– augmentation des myofibrilles proportionnelle à leur niveau d'hypertrophie ;

– augmentation de 120 % des enzymes mitochondriales ;
– augmentation des composantes du système phosphagène, incluant l'ATP et la créatine phosphate ;
– augmentation des réserves de glycogène ;
– augmentation des réserves de triglycérides.

S'entraîner avec méthode

S'entraîner signifie engager le corps d'un athlète dans une série d'activités destinées à améliorer ses performances. Ce résultat est obtenu par une **amélioration technique des mouvements** et par un **accroissement du tonus musculaire, du système respiratoire et cardio-vasculaire**. En outre, l'entraînement a une influence positive dans le domaine psychique puisqu'il permet à un individu de mieux se connaître, de mieux comprendre ses réactions. Il augmente la capacité de résistance à la fatigue et plonge l'esprit dans des situations inhabituelles qui représentent pour lui une forme de repos. Tous ces bienfaits ne peuvent toutefois être obtenus que si l'**entraînement est organisé de façon rationnelle et équilibrée**, selon un programme personnalisé qui permet de ne pas faire trop d'exercice ni, au contraire, de ne pas en faire assez. Ce programme sert en outre à répartir régulièrement les sorties pour éviter que des surcharges de travail soient suivies de périodes sans aucun exercice.
Progression et continuité doivent donc **être les mots d'ordre de ceux qui commencent la course à pied**. Ces impératifs doivent être appliqués toute l'année, mais ils ne doivent pas devenir une source de stress : si un jour vous n'avez pas envie de sortir pour courir, ne sortez pas et faites autre chose.
La course à pied doit être un moment de détente et non une obligation.

Commençons à courir

Celui qui commence à courir et qui n'a jamais pratiqué d'activités sportives ou bien qui recommence ce sport après plusieurs années d'inactivité doit se montrer patient : sa première sortie sera plutôt courte et il ne pourra pas allonger énormément son parcours lors des sorties suivantes. Il y a deux formules pour calculer le nombre de mètres qu'il est conseillé de parcourir lors d'une première sortie et pour savoir combien de mètres on peut ajouter à chaque sortie suivante. Toutefois, chacun devrait être capable de déterminer cette distance lui-même, en fonction de sa condition physique. Si après avoir couru vous vous sentez bien et que vous avez envie de continuer, faites-le, cela ne vous fera pas de mal. Si, au contraire, pendant un entraînement normal, vous sentez que quelque chose ne va pas, ralentissez votre rythme ou même arrêtez-vous : vous ne faites pas une course.

En outre, pendant les premières sorties, évitez les parcours trop difficiles ou trop irréguliers (pas de montée, pas de descente ni de terrain souple) **ainsi que les chaussées déformées. Courez bien après les repas et,** paradoxalement, **ne courez pas trop vite : l'allure idéale est celle qui entraîne un léger essoufflement mais qui ne rend pas le coureur « à bout de souffle » (entraînement aérobie).**

Si vous savez mesurer votre fréquence cardiaque, vous pouvez partir du nombre de pulsations au repos (comptez-les pendant un moment de détente) **et le multiplier par deux : vous ne devez jamais dépasser cette valeur au cours des premières sorties et de toute façon ne pas aller au-delà de 120 ppm.**

Ne faites pas de sprint pour dépasser un ami ni pour traverser « sans attendre le feu » (vous pouvez vous arrêter tranquillement). En revanche, il est très conseillé de débuter ou de terminer vos premières sorties par une belle promenade.

Venons-en à présent aux formules de calcul.

Pour **calculer la distance de la première sortie** en fonction de l'âge du coureur, il faut **soustraire cet âge à soixante-cinq, diviser le résultat obtenu par dix, élever le tout au carré et multiplier ce dernier nombre par cent cinquante.**

Pour connaître **la distance à ajouter à chaque sortie**, il faut **prendre le résultat obtenu avec la formule précédente et le diviser par trois.**

Pour aider ceux qui n'aiment pas les mathématiques, voici un tableau (voir page suivante) qui résume les résultats obtenus grâce aux deux formules.

Comme vous pouvez le remarquer, plus on avance en âge, plus il faut être prudent, mais cela ne signifie pas pour autant qu'il ne faut pas courir. N'oubliez pas non plus que les tableaux n'ont toujours qu'une valeur d'exemple et que

Âge (ans)	Distance initiale (m)	Distance ajoutée (m)
20	3 038	1 013
25	2 400	800
30	1 838	613
35	1 350	450
40	938	313
45	600	200
50	338	113
55	150	50

l'âge indiqué n'est pas celui de l'état civil mais de l'âge biologique : une personne de 55 ans qui se sent bien et qui a toujours exercé un minimum d'activités sportives peut commencer par courir sur des distances supérieures à celles qui sont prévues pour une personne de 35 ans qui, au contraire, part de zéro. Enfin, un tableau ne doit pas limiter la progression de quelqu'un : au fil du temps, chacun doit trouver la distance qui lui convient le mieux et qui lui permet d'exprimer le plus ses qualités de coureur de fond.

L'échauffement

Avant tout entraînement et plus généralement avant toute activité physique, il faut préparer son corps à l'effort qu'il va devoir soutenir. Il s'agit, pour donner une image simple, d'effectuer la même opération que celle que l'on effectue en hiver quand on met en marche une voiture : on laisse chauffer le moteur pendant quelques instants parce que, si l'on partait avec le moteur froid, on finirait par l'endommager sérieusement.

Notre corps a besoin d'une précaution similaire que l'on appelle précisément « échauffement » et que l'on peut considérer comme une sorte d'entraînement à l'entraînement. **Dans la plupart des cas, l'échauffement consiste à effectuer une petite course très lente pendant 15-20 minutes, jusqu'à ce que l'on commence à transpirer ou, si le climat est très froid, à être échauffé.** Il est évident que pour ceux qui ne courent que sur de longues distances en petites foulées, cet échauffement n'est rien d'autre que la première partie de leur course. Ceux qui désirent, en revanche, organiser autrement leur entraînement doivent d'abord s'échauffer, indépendamment du type d'activité qu'ils vont ensuite accomplir.

Allongeons le pas

L'entraînement que nous avons décrit précédemment, et qui doit être suivi par tous ceux qui commencent à courir pour la première fois, consiste à effectuer des courses lentes sur des distances de plus en plus longues : il est destiné à habituer l'organisme à une action et à un effort inconnus jusqu'alors. **En courant sur de longues distances à faible vitesse (je le répète, avec le cœur qui bat autour de 120 ppm), vous obtiendrez un bon niveau de fond** et vous pourrez également observer une nette amélioration de vos performances, d'abord très rapide puis beaucoup plus lente, jusqu'à ce que vous vous aperceviez que vous ne progressez plus.

C'est à ce moment qu'il vous faudra prendre une décision fondamentale : devez-vous continuer à courir sans vous poser trop de questions et donc en acceptant vos propres limites ou, au contraire, chercher à les repousser, au moins pour allonger les distances parcourues et donc vous autoriser de nouveaux parcours ?

Dans le premier cas, vous pouvez refermer ce livre et continuer à courir : vous ne deviendrez jamais un champion, mais vous prendrez du plaisir à courir. Dans le deuxième cas, en revanche, il est important que vous débutiez une nouvelle phase d'entraînement, plus méthodique, pour faire ressortir toutes les qualités physiques qui sont en vous.

L'entraînement spécialisé

Résistance à la fatigue, puissance, rapidité d'action, souplesse et mobilité articulaire élevée sont les qualités que tout athlète rêve de posséder, tout en sachant qu'en réalité il n'est ni possible ni efficace de les rechercher toutes en même temps.

Quand on regarde une compétition d'athlétisme, on se rend bien compte que les athlètes engagés dans les diverses disciplines présentent des caractéristiques différentes : ceux qui participent aux courses de fond sont par exemple maigres et filiformes alors que ceux qui réalisent leurs performances en quelques secondes sont plus puissants et plus musclés. En effet, dans les courses d'endurance, ce qui compte c'est la résistance à la fatigue, c'est-à-dire l'aptitude des muscles à se produire pendant un effort prolongé dans le temps, mais d'une intensité modeste ; dans le cas des sprinters et des sauteurs, en revanche, ce qui est important c'est la puissance, c'est-à-dire la capacité de produire des efforts élevés pendant quelques fractions de secondes, et la vitesse, c'est-à-dire la faculté de contracter et de détendre les fibres musculaires dans des temps très courts. Un coureur de fond trop robuste finirait par être pénalisé par le poids de sa masse musculaire dont les possibilités seraient redondantes par rapport à l'effort instantané qu'il faut produire ; en revanche, un coureur de 100 mètres trop mince n'aurait pas dans les jambes l'explosion de puissance nécessaire pour dépasser ses adversaires.

Il est donc indispensable pour tous les sportifs d'organiser leur entraînement en fonction d'un objectif bien précis : mettre en valeur leurs caractéristiques musculaires qui traduisent le mieux le type d'efforts qu'il leur faudra produire. Après la phase d'approche de la course que nous venons de décrire, les personnes qui courent pour leur plaisir doivent aussi s'engager dans des entraînements spécifiques si elles veulent améliorer leurs performances : leur objectif peut être d'augmenter leur vitesse, de développer leur souplesse ou simplement de pouvoir courir sur des distances plus longues. Il faut donc être parfaitement conscient de ses objectifs et de ses propres limites, et également – c'est fondamental – connaître le comportement des muscles qui sont impliqués dans la course.

La résistance aérobie et anaérobie

Aucun muscle ne peut réaliser sa performance maximale pendant un laps de temps relativement long, c'est-à-dire pendant plus de 10 secondes. Si l'effort se prolonge au-delà de cette durée, le muscle fait intervenir une autre de ses facultés que l'on peut appeler « résistance ». Cette dénomination **désigne la force maximale que le muscle peut exprimer pendant une longue durée** :

cette performance dépend essentiellement des substances nutritives présentes dans ce muscle et en particulier de la quantité de glycogène. Ainsi, la résistance est fortement influencée par les régimes alimentaires à haute teneur en hydrates de carbone : cette affirmation est confirmée par les relevés effectués

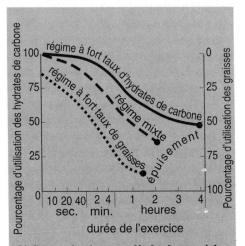

L'alimentation joue un rôle fondamental dans les performances ; ce diagramme représente la durée d'un exercice en fonction des différents types de régime. On peut constater qu'un athlète qui se nourrit principalement d'hydrates de carbone présente de plus grandes capacités de résistance

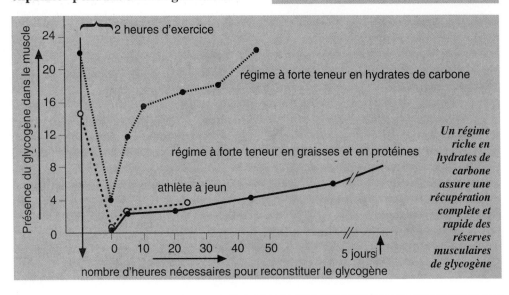

Un régime riche en hydrates de carbone assure une récupération complète et rapide des réserves musculaires de glycogène

sur des athlètes de haut niveau participant à des courses d'endurance comme le marathon. Ces études ont démontré que **le régime alimentaire conditionnait énormément la capacité de résistance**, qui est considérée comme la durée maximale pendant laquelle l'athlète peut supporter la vitesse de la course avant l'épuisement complet de ses forces.

Type de régime	Résistance au rythme de compétition (en minutes)
À forte teneur en hydrates de carbone	240
Mixte	120
À forte teneur en graisses	85

CONCENTRATIONS DE GLYCOGÈNE EMMAGASINÉES DANS LES MUSCLES	
Type de régime	mg/kg[1]
À forte teneur en hydrates de carbone	40
Mixte	20
À forte teneur en graisses	6

On comprend alors qu'il est important pour un athlète de suivre un régime à forte teneur en hydrates de carbone avant un événement athlétique et de s'abstenir de tout exercice physique important dans les quarante-huit heures qui précèdent la compétition.

Comme nous l'avons vu, la résistance **est une qualité qui permet aux muscles**

1. Mg/kg exprime des milligrammes par kilo de masse musculaire.

de travailler longtemps en effectuant des efforts modérés mais sur une longue période. Cette résistance est conditionnée par deux facteurs : la capacité du muscle à dépenser de grandes quantités d'oxygène (résistance aérobie) et sa faculté à travailler en présence de grandes concentrations d'acide lactique (résistance anaérobie).

Pour mieux comprendre ces deux notions, il suffit de penser aux muscles comme à une série de moteurs qui ont besoin de combustible pour pouvoir fonctionner.

RÉSISTANCE AÉROBIE

Normalement, le combustible des muscles est l'oxygène présent dans l'air. **Tant que le muscle travaille en ne consommant que de l'oxygène**, il n'y a aucun problème : **l'activité physique peut théoriquement se prolonger à l'infini** et la récupération après la fatigue est toujours très courte.

Cette résistance peut constamment être développée en s'entraînant continuellement sur de grandes distances. Son niveau est fortement influencé par le travail accompli précédemment par un débutant qui court de façon « tranquille » en maintenant ses battements cardiaques à des niveaux moyens. En courant de cette façon, on favorise surtout les systèmes cardio-circulatoire et respiratoire, c'est-à-dire les systèmes qui apportent de l'oxygène aux muscles.

RÉSISTANCE ANAÉROBIE

Si l'on veut non seulement courir sur de longues distances, mais **aussi courir à une bonne vitesse, il devient** alors **nécessaire d'augmenter l'énergie produite par les muscles** car le combustible « oxygène » ne suffit plus.

Les muscles commencent alors à consommer leurs sucres, obtenant ainsi de nouvelles énergies qui sont toutefois **à l'origine d'une substance polluante, l'acide lactique, qui les empoisonne lentement** et inhibe leur action (fatigue anaérobie). Dans ces conditions, il devient **important d'habituer le muscle à travailler en présence de grosses quantités d'acide lactique** pour améliorer ses performances. **Cet objectif peut être atteint en effectuant des courses courtes mais sur un rythme soutenu**, avec le cœur qui travaille à des niveaux élevés.

La puissance

La puissance musculaire exprime l'effort maximal que l'on peut tirer d'un muscle en quelques contractions et pendant quelques secondes. La force d'un muscle est déterminée principalement par ses dimensions : sa force contractile maximale est comprise entre 3 et 4 kilogrammes par centimètre carré de section. La valeur maximale de la force qu'un muscle peut exprimer est, en outre, conditionnée par sa capacité à retenir, et donc à transformer en énergie, un nombre élevé de protéines. Cette capacité est amplifiée par une hormone particulière appelée « testostérone », dont l'effet anabolisant provoque un dépôt important de protéines dans toutes les parties du corps. La testostérone est produite par le corps humain en quantité plus ou moins élevée selon les efforts auxquels ce dernier est normalement soumis : c'est pourquoi l'entraînement stimule la production de testostérone aussi bien chez les hommes que chez les femmes. Les premiers peuvent toutefois sécréter une plus grande quantité d'hormones que les femmes, parfois même jusqu'à 40 % en plus : cela peut expliquer en partie que l'homme ait une plus grande force physique, qu'il soit souvent plus agressif et plus attiré par la compétition que la femme. Chez la femme, au contraire, on enregistre la présence d'œstrogènes auxquels sont liés les dépôts de graisse sur la poitrine, sur les cuisses et sur le tissu sous-cutané, au détriment des performances athlétiques. Les œstrogènes entraînent cependant un comportement social plus tranquille et plus équilibré. À propos de la force physique, on peut affirmer qu'un homme chez qui la présence de testostérone est importante et qui présente, en outre, une bonne hypertrophie musculaire sera plus fort qu'un autre homme ayant la même musculature mais possédant une moindre quantité de testostérone.

Cependant, la force ne peut pas toujours être utilisée efficacement et, quand cela se produit, il peut arriver qu'elle provoque des dégâts dans l'organisme. Prenons l'exemple d'un haltérophile de classe mondiale dont le quadriceps a une section de 150 centimètres carrés, ce que l'on peut traduire par une force contractile maximale de 525 kilos environ. Toute cette force s'applique toutefois également au tendon rotulien qui, s'il n'est pas suffisamment robuste, risque de se déchirer ou bien de sortir de son point d'insertion dans le tibia. On peut donc en déduire qu'**un entraînement équilibré ne doit pas viser uniquement et exclusivement l'accroissement de la puissance musculaire, mais aussi le renforcement général** de toutes les parties du corps qui sont directement intéressées par l'activité sportive. **On améliore sa puissance en effectuant surtout des exercices spécifiques pour augmenter le volume du muscle, son élasticité** et pour mieux utiliser, comme carburant, l'adénosine triphosphate. **Tous les exercices doivent être exécutés en essayant d'obtenir la plus grande puissance possible mais en ménageant entre deux exercices des temps de récupération assez longs**.

La souplesse

La souplesse est une qualité qui résulte de plusieurs facteurs : il faut que les muscles soient flexibles et élastiques, qu'ils soient associés à des articulations qui fonctionnent librement et enfin que la préparation technique de l'athlète le conduise à **exécuter les mouvements prévus par son activité avec le plus de naturel et d'agilité possible**. Toutefois, quand les muscles et les articulations sont soumis à un entraînement particulier ou à des exercices de gymnastique, la technique est beaucoup plus difficile à atteindre : il faut en général être suivi de près par un bon entraîneur pour pouvoir exécuter des gestes athlétiques d'une façon naturelle, sans être gêné par des mouvements parasites. D'un point de vue pratique, cela signifie qu'en travaillant seul et en s'appuyant sur un bon manuel, on peut améliorer toutes les performances liées à la résistance et à la puissance, mais qu'il est beaucoup plus difficile de bien courir, c'est-à-dire de courir de façon efficace et déterminée, en accord avec sa propre physiologie.

Bien courir

Pendant des années, les techniciens de l'athlétisme du monde entier ont débattu du style du coureur à pied.

Fondamentalement, il y avait d'un côté ceux qui soutenaient l'existence d'un style « parfait » dans l'absolu et qui étaient partisans de l'inculquer à toute personne qui enfilait une tenue d'athlétisme pour la première fois ; de l'autre, on trouvait des techniciens qui disaient que chacun devait courir comme il le pouvait, en essayant d'adapter et d'améliorer son style en fonction de ses caractéristiques morphologiques. Entre ces deux positions extrêmes, toutes les opinions étaient représentées et souvent défendues avec acharnement.

Aujourd'hui, la situation est devenue moins conflictuelle et les techniciens qui soutenaient l'une ou l'autre de ces théories ont tempéré leurs positions respectives. Cette évolution est notamment due à certains athlètes qui, bien qu'ayant un très mauvais style, ont réalisé des performances exceptionnelles, ce qui a favorisé une conception de la course à pied plus fonctionnelle qu'esthétique.

Il n'existe pas une manière parfaite de courir, pas plus qu'un style correct dans l'absolu : chaque distance dicte ses propres règles et il n'y a pas deux athlètes identiques à qui l'on puisse faire exécuter le même geste avec la même efficacité. En outre, les entraîneurs n'essaient plus d'amener leurs athlètes vers la beauté du mouvement ou la légèreté de la foulée : ils visent le concret en essayant surtout d'éliminer les erreurs qui limitent leurs performances plutôt que de rechercher le beau geste. Cela ne signifie pas qu'ils renoncent *a priori* à toute notion esthétique, mais simplement qu'ils considèrent cet aspect comme secondaire par rapport aux performances.

Cette évolution débouche sur le conseil suivant : **ceux qui veulent commencer à courir doivent le faire en toute quiétude, sans se soucier de leur style ni s'inquiéter de ce que les autres coureurs, en les voyant, pourraient penser d'eux**. En effet, quand un coureur à pied est en action, il ne pense à rien d'autre : il savoure sa fatigue sans se préoccuper du monde extérieur, et encore moins de la façon de courir de ceux qui passent à côté de lui. Ce conseil ne signifie pas qu'un style technique correct ne permet pas d'améliorer ses performances, mais, je le répète, il ne faut pas s'inquiéter à ce sujet et surtout éviter de jouer les autodidactes : il est préférable de courir mal mais d'une façon naturelle que de s'imposer des gestes forcés dont l'efficacité n'a jamais été approuvée par un technicien compétent.

Malgré ces réserves, nous allons passer en revue les erreurs les plus fréquentes commises par les coureurs à pied, ainsi que les conseils nécessaires pour y remédier, afin d'aider les débutants à effectuer leurs premiers pas. Vous devrez vous évaluer vous-même mais, encore une fois, sans inquiétude et seulement avec l'aide d'un bon préparateur.

Les erreurs les plus fréquentes

Courir « en canard »

Beaucoup de gens, y compris parmi ceux qui pratiquent la course à pied, marchent « en canard », c'est-à-dire les pointes dirigées vers l'extérieur. Quand on court, cette position est automatiquement et en partie corrigée puisque la succession des foulées entraîne l'alignement naturel des pointes des pieds dans la direction de la course. Toutefois, les jambes restent écartées et le défaut demeure pendant la phase d'appui du talon sur le sol. On peut d'ailleurs le vérifier en observant l'usure du talon des chaussures après quelques entraînements : ceux qui courent « en canard » usent la partie externe du talon. Il existe une **méthode de correction** assez efficace qui consiste à **courir sur la ligne blanche qui sépare une route en deux** (ou sur toute autre bande dessinée sur le sol) et **à essayer de poser un pied devant l'autre sur la bande**.

N'oubliez pas que si on traçait une ligne imaginaire qui relie les empreintes des pointes des chaussures sur le sol, on devrait obtenir une ligne droite et non pas en zigzag.

Courir sur la pointe des pieds

Il arrive souvent que les sprinters n'appuient pas leur talon sur le sol, surtout au moment du départ. On pourrait donc penser que courir sur la pointe des pieds est à la fois élégant et fonctionnel.

En réalité, il s'agit d'un défaut assez grave puisque cette position des pieds ne permet pas d'amortir correctement « l'atterrissage » et provoque de fortes sollicitations qui se répercutent sur le pied et sur le genou.

Il faut souligner que le fait de courir sur la pointe des pieds n'est pas un mouvement naturel et qu'il faut donc décider de le faire. Ainsi, **pour résoudre ce problème, il suffit souvent de se laisser aller et de courir normalement**, c'est-à-dire d'appuyer d'abord sur le sol le talon, la plante du pied et enfin la pointe : l'ensemble de ce mouvement est appelé « rouleau ».

Courir en sautillant

Quand on court, tous les mouvements que l'on fait doivent avoir comme objectif la propulsion du corps vers l'avant. Toute action qui déplace le corps latéralement ou qui soulève trop le centre de gravité du sol est donc négative.

Les débutants ont souvent tendance à propulser leur corps plus vers le haut que vers l'avant. Vous pouvez facilement vérifier si vous avez ou non ce défaut : il vous suffit de courir le long d'un mur ou d'une haie et d'observer leur défilement du coin de l'œil. Si vous avez l'impression qu'ils défilent droit, c'est que tout va bien, mais si vous les voyez monter et descendre (c'est-à-dire se déplacer verticalement), cela signifie que vous êtes en train de sautiller.

Vous pouvez corriger ce défaut **en vous efforçant de courir avec les jambes légèrement fléchies** (sans toutefois courir en position « assise »), **en pratiquant des exercices d'élévation des jambes, en courant en descente tout en effectuant des pas très rapides et très rapprochés** ou même **en courant avec un poids sur la tête** (par exemple un petit sac de sable) que vous devrez éviter de faire tomber.

Courir en position « assise »

C'est le défaut inverse du précédent qui consiste à trop abaisser ses fesses, ce qui empêche les jambes de se détendre correctement en phase de poussée. **On peut remédier à ce défaut en effectuant des exercices de musculation des muscles extenseurs**. (Cf. plus loin le chapitre « Courses spécifiques ».)

Courir avec le buste penché vers l'avant

C'est une grave erreur que de courir avec le buste penché vers l'avant car cette position gêne surtout la respiration. **On peut corriger** ce défaut **en s'efforçant de courir « en gonflant la poitrine »**, comme le font les militaires quand ils sont au garde-à-vous. Au début, cette posture sera un peu difficile à tenir, mais elle deviendra ensuite naturelle.

Courir avec les jambes écartées

Comme nous l'avons dit, les pieds d'un coureur devraient toucher doucement le sol avec le talon et rester toujours sur la même ligne. Ceux qui ont tendance à trop écarter les jambes (on peut constater ce défaut, qui apparaît surtout à allure rapide, en observant les traces de pas laissées sur le sol) **peuvent y remédier en faisant des exercices d'élévation des jambes**. Il s'agit d'une série d'exercices basés sur une course lente mais effectués en levant les jambes à une fréquence élevée et en relevant beaucoup les genoux. (Cf. plus loin le chapitre « Courses spécifiques ».)

Courir en relevant trop les genoux

Le fait de courir en relevant les genoux est une attitude typique des sprinters et non des coureurs de fond qui, au contraire, doivent économiser le plus possible leur énergie. En général, **ce défaut s'atténue automatiquement** avec les kilomètres parcourus (et l'augmentation de la fatigue).

Courir en bougeant le buste

Quand on court, le buste ne doit se déplacer ni vers la droite ni vers la gauche, ni vers l'avant, ni vers l'arrière *(tilting)*. En outre, la tête doit rester ferme et le buste vertical pour que les poumons s'écartent correctement. La présence de ce défaut est le plus souvent liée à des problèmes musculaires ou à des mouvements de bras incorrects. **Pour se corriger, il est** donc **nécessaire d'intervenir** en amont **par des exercices de musculation spécifiques** ou bien en effectuant les exercices qui sont conseillés à ceux qui courent en tordant le buste ou en faisant de grands gestes.

Courir en tordant le buste

C'est un autre défaut typique de ceux qui commencent la course à pied : au lieu de bouger d'avant en arrière, les bras se déplacent sur un plan transversal, forçant ainsi le buste à se tourner alternativement d'un côté puis de l'autre. **Ce défaut doit être corrigé par de la gymnastique spécifique : il faut courir les bras repliés** (c'est-à-dire que le bras et l'avant-bras forment un angle très réduit) **et les bouger fréquemment, tout en avançant et en reculant alternativement le buste d'une position parallèle au sol à une position verticale.**

Courir en faisant de grands gestes

Quand on court, les bras doivent se déplacer tout seuls d'avant en arrière, en laissant l'articulation de l'épaule bien relâchée et élastique. De même, l'angle formé par le bras et l'avant-bras doit être souple, mais également rester constant. Les poignets ne doivent pas être relâchés et les mains ne pas « dodeliner ». **On corrige ces défauts par des exercices de mobilisation des épaules et par le renforcement de la musculature des bras.** (Cf. le chapitre « La gymnastique ».)

Courir en contrôlant sa respiration

Certains coureurs pensent qu'en contrôlant leur respiration (c'est-à-dire en respirant avec un rythme différent et plus intense que celui qui est imposé par l'effort), ils peuvent faire parvenir plus d'oxygène vers leurs muscles et donc obtenir de meilleures performances.

En réalité, cela n'est pas vrai parce que :

– la respiration est un acte involontaire contrôlé directement par le cerveau qui, bien que « brouillé » par l'effort, sait très bien quelle quantité d'oxygène il doit envoyer aux muscles ;

– il est inutile d'envoyer trop d'oxygène aux muscles si ceux-ci ne parviennent pas à l'utiliser et s'ils doivent donc puiser dans les sucres, ce qui est une source de fatigue.

En conclusion, on peut dire que **chacun doit respirer selon le rythme qui lui est le plus naturel.**

Exemples d'entraînements programmés

Nous ne dirons jamais assez qu'un livre ou un manuel ne remplaceront jamais l'expérience d'un entraîneur. Les entraînements proposés ne sont donc que des exemples qui vous indiqueront comment organiser une activité sportive de loisir : ils n'ont pas la prétention de préparer un athlète à la compétition et doivent donc être interprétés en fonction des possibilités physiques de chacun. En outre, nous estimons qu'une personne qui a envie de se programmer un entraînement sérieux sur une certaine durée a déjà dépassé la phase d'approche de la course à pied et peut être considérée comme un coureur ayant une bonne expérience. Elle est donc prête à affronter des contraintes un peu plus importantes que celles qui accompagnent une simple course à pied effectuée sur un rythme régulier et à une vitesse faible.

Programmes hebdomadaires d'entraînement

• Entraînement hebdomadaire basé sur deux sorties[1]

– première sortie : course longue et lente (60-90 minutes ; cœur qui bat aux environs de 120 ppm) ;
– deuxième sortie : course moyenne (50-60 minutes ; cœur qui bat entre 120 et 140 ppm).

1. Les sorties doivent être espacées d'au moins deux jours.

• Entraînement hebdomadaire basé sur trois sorties[2]

– première sortie : course longue, lente et à rythme constant (60-90 minutes ; cœur qui bat aux environs de 120 ppm) ;
– deuxième sortie : fartlek (cf. plus loin le chapitre correspondant) ;
– troisième sortie : course longue et lente (60-90 minutes ; cœur qui bat aux environs de 120 ppm).

• Entraînement hebdomadaire basé sur quatre sorties[3]

– première sortie : course longue et lente (60-90 minutes ; cœur qui bat aux environs de 120 ppm) ;
– deuxième sortie : fartlek ;
– troisième sortie : course moyenne (50-60 minutes ; cœur qui bat entre 120 et 150 ppm) ;
– quatrième sortie : course courte à rythme rapide (20 minutes de course moyenne ; 5-8 répétitions sur 100 mètres à parcourir entre 14 et 16 secondes ; 4-6 répétitions sur 400 mètres à parcourir entre 70 et 76 secondes. Entre deux répétitions, il faut respecter une pause pour faire baisser le rythme des battements cardiaques ; enfin, 8 répétitions

2. Les sorties doivent être alternées en prévoyant au moins un jour de repos.

3. Les sorties doivent être entrecoupées d'un jour de repos.

sur 1 000 mètres à parcourir en 4 minutes, avec une pause de 3 à 5 minutes environ entre chaque répétition).

Chaque séance d'entraînement doit être précédée d'une phase d'échauffement et, à partir du programme basé sur trois sorties hebdomadaires, d'une phase de décontraction.

La décontraction

Quand on s'entraîne, il est inévitable que l'on se fatigue. Si on s'entraîne beaucoup, on se fatigue aussi beaucoup, c'est-à-dire que les muscles perdent de leur puissance et, souvent, l'esprit refuse de poursuivre son activité. Dans ces conditions, il n'y a rien de plus mauvais que de s'arrêter d'un seul coup et de se reposer, à l'arrêt, en sueur et allongé sur l'herbe humide. On n'arrive ensuite plus à se relever ou bien on y parvient au prix de douleurs musculaires et articulaires prononcées. Il est préférable de terminer son entraînement progressivement et lentement, exactement de la même façon qu'on l'avait commencé durant la phase d'échauffement. **Pour se décontracter, il suffit de se mettre à courir très lentement pendant une dizaine de minutes** en se plaçant à l'écoute des réactions de son corps : une fois que la respiration est redevenue normale et que les muscles ont repris un minimum de vigueur, on peut alors profiter d'une bonne douche bien méritée.

Les courses spécifiques

Les « courses spécifiques » désignent toutes les façons de courir mises au point pour répondre aux besoins spécifiques d'un athlète : par exemple, certaines de ces courses permettent de muscler les membres inférieurs ou supérieurs et d'autres d'éliminer des défauts particuliers. **Les courses spécifiques les plus connues sont la course effectuée en levant les genoux pour augmenter la souplesse des membres inférieurs ou des pieds et la course sautée, très utile pour renforcer les muscles des jambes** impliqués dans la phase de poussée. **Les courses avec lest** (un gilet alourdi avec des plombs de 5 ou 10 kilos ou des poids de 1 ou 2 kilos dans chaque main) font aussi partie des courses spécifiques tout comme **les démarrages en montée**, que l'on peut remplacer par **des courses sur**

L'élévation des jambes avec les genoux bien relevés

Deux moments caractéristiques de la course en sautillant

une courte distance (**60-80 mètres**) **qu'il faut couvrir le plus vite possible**. Dans ce cas, le travail musculaire est maximal tout comme celui du cœur. De tels exercices ne servent toutefois pas à renforcer le système respiratoire.

On peut avoir recours aux **sauts à pieds joints** effectués en partant d'une position accroupie, toujours pour renforcer les membres inférieurs. Cet exercice de gymnastique fatigant est encore plus difficile **si l'on croise les mains der-** **rière la nuque et que l'on écarte les genoux ou encore si l'on croise les mains derrière le bas du dos**. Il existe une très bonne façon de courir pour assouplir les mouvements des hanches : il faut **courir latéralement en croisant les jambes à chaque pas**, comme le font les danseurs grecs de sirtaki. Cet exercice doit être effectué en se déplaçant de gauche à droite puis de droite à gauche et en essayant toujours de maintenir une vitesse qui soit la plus

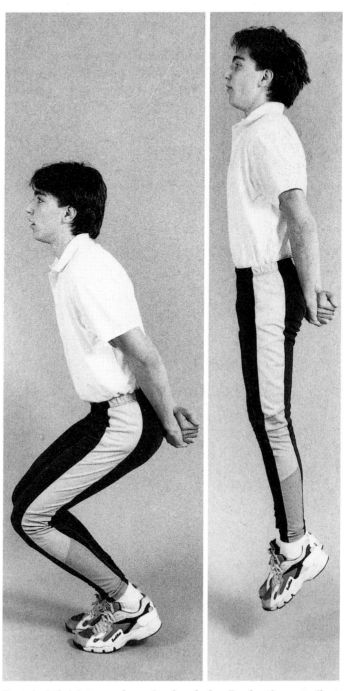

Sauts à pieds joints avec les coudes écartés et les mains sur la nuque : on peut remarquer que les pointes des pieds sont dirigées vers le bas

Sauts à pieds joints avec les mains dans le dos. Pendant les sauts, il est important d'imprimer aux jambes la plus grande extension possible

Course latérale : excellente pour améliorer la coordination des mouvements

Grand pas avec flexion finale sur le pied : à la fin, il faudrait pouvoir s'accroupir complètement sur son pied avant

élevée possible. Si l'on veut augmenter l'écartement longitudinal des hanches, on peut au contraire **marcher en faisant des pas très longs : à la fin de chaque pas, l'athlète se retrouve en position accroupie sur sa jambe antérieure tandis que sa jambe postérieure est entièrement tendue.**

Il faut préciser que les préparateurs physiques ont mis au point de nombreuses courses spécifiques pour atteindre des objectifs précis qui ne rentrent pas forcément dans la préparation de tous les coureurs. Le choix de ces courses ne doit donc pas s'effectuer selon l'intuition de chacun et leur pratique n'a de sens que si l'on considère la course à pied comme une véritable activité sportive, même seulement au niveau amateur, et non plus uniquement comme un moment de détente psychophysique.

Le fartlek

« Fartlek » est un mot scandinave qui signifie « jeu rapide » et il s'agit, en effet, d'un entraînement assez amusant, surtout s'il est pratiqué dans un cadre naturel. **C'est une course effectuée à des rythmes variés**, qui permet d'**alterner** des moments de repos relatif (**course lente** avec le cœur qui bat aux environs de 120 ppm) **avec des moments d'effort plus grand** (**rythmes rapides** ou course en côte, avec le cœur qui bat aux environs de 140 ppm) **et un engagement physique élevé** qui peut amener le cœur à battre jusqu'à 160 ppm, **sans toutefois jamais atteindre des limites extrêmes** (180 ppm et plus).

Exemple d'entraînement

Le tableau de la page suivante ne doit être interprété que comme un exemple d'organisation d'un travail type. Il est indicatif et peut être modifié autant de fois qu'on le veut, en respectant toujours **le principe de base : il faut accomplir un travail différencié au cours duquel on se trouve en alternance dans des situations d'effort très variées mais toujours éloignées de ses performances maximales**. Il ne faut pas oublier que la course lente et prolongée sert surtout à renforcer l'appareil locomoteur d'un athlète et à l'habituer aux réactions mentales que seuls l'expérience et le temps pourront ensuite consolider : ces réactions sont nécessaires pour surmonter les moments de crise ou de malaise. Pendant la course lente, les muscles travaillent sans produire d'acide lactique et sans dépenser toutes leurs énergies.

Quand on court sur un rythme plus soutenu (avec le cœur qui bat entre 120 et 140 ppm) on commence, en revanche, à forcer le muscle : on l'habitue donc à dépenser mieux et en plus grande quantité l'oxygène que le sang met à notre disposition et on relève ainsi le seuil aérobie dont on a parlé précédemment. De plus, en travaillant sur un rythme soutenu, on limite la production d'acide lactique que le corps a tendance à éliminer en temps réel. Ainsi, **on habitue les muscles à travailler en présence d'acide lactique** (donc à moins ressentir les phénomènes de fatigue provoqués par cet agent) **et**, parallèlement, **on augmente sa faculté de le réabsorber**.

En courant à des rythmes élevés (cœur qui bat au-dessus de 160 ppm), on renforce le système musculaire qui est lui aussi habitué à travailler en présence de grandes quantités d'acide lactique. Le fartlek n'est donc rien d'autre qu'une course qui fait travailler en alternance, de façon homogène et équilibrée, une série de facteurs différents décidés par l'athlète. Le tracé irrégulier du parcours (montées, descentes, escaliers, etc.) ne devrait jamais être improvisé, mais effectué en fonction d'un programme d'entraînement spécifique destiné à gommer les points faibles de chacun.

Pulsations cardiaques (ppm)	120	140	120	160	120	140	120	160	120	140	120	160
Temps de travail et de repos (minutes)	7	5	7	3	7	5	7	3	7	5	7	3

Nota : les pulsations cardiaques devraient être contrôlées avec un cardiofréquencemètre pendant le déroulement du fartlek. Les temps sont vérifiés avec un chronomètre. On peut remarquer dans le tableau l'alternance régulière qui existe entre les 7 minutes de « repos » et les 3 ou 5 minutes de travail. Cette répartition peut et doit être modifiée si l'entraînement vise des objectifs spécifiques de musculation.

L'interval-training

Il s'agit d'un fartlek exécuté sur des distances courtes et qui se caractérise donc par de très fréquents changements de rythmes suivis d'une courte période de repos (qui ne dépasse jamais 90 secondes) qui s'achève dès que les battements du cœur redescendent sous les 120 ppm.
Contrairement au fartlek, l'interval-training entraîne le cœur à travailler à de très hauts niveaux pendant des périodes prolongées. Il est donc conseillé de n'exécuter ce type d'entraînement qu'en présence d'un entraîneur. Cet exercice sert surtout à renforcer et à habituer les muscles à travailler en pré-sence de grandes quantités d'acide lactique comme cela survient, par exemple, dans les sprints prolongés que sont les 400 ou les 800 mètres. Pour l'anecdote, on peut rappeler que cet entraînement a été inventé à l'université de Fribourg et c'est la raison pour laquelle on l'appelle parfois « entraînement de Fribourg ». Le tableau que nous vous présentons ci-dessous peut servir de référence à tous ceux qui souhaitent essayer ce type d'entraî-nement qui, nous le répétons, ne devrait être effectué que sous le contrôle d'une personne compétente. Le cycle présenté sur ce tableau doit être renouvelé au moins cinq fois.

Pulsations cardiaques (ppm)	120	140	120	160	120	180	120	160	120	140	120
Temps de travail et de repos (secondes)	90	30	90	30	90	30	90	30	90	30	90

La gymnastique

Nous avons fait plusieurs fois allusion dans ce livre à des « exercices de musculation » ou de « mobilité » en laissant entendre qu'il s'agissait d'exercices gymniques, c'est-à-dire d'exercices que l'on n'effectue pas en courant, mais à l'arrêt. Ce sont des exercices qui visent des objectifs précis, comme l'amélioration d'une performance ou l'élimination de défauts congénitaux.

Dans ce chapitre, nous allons voir quelques-uns des exercices qui sont effectués le plus souvent par les coureurs et nous essaierons d'expliquer à chaque fois la façon de les exécuter et les bénéfices qu'ils apportent.

Il va de soi que **tous les exercices génériques de mobilisation ne provoquent aucun dommage à l'organisme et qu'ils peuvent donc être effectués par tout le monde sans précautions particulières**.

Les exercices de stretching et de musculation doivent, en revanche, être exécutés sous le contrôle d'un entraîneur, aussi bien pour éviter de travailler pour rien s'ils ne sont pas accomplis correctement que pour éviter l'apparition de problèmes plus graves que ceux que l'on voudrait résoudre. En outre, il faut savoir que le nombre d'exercices de gymnastique mis au point par les techniciens du monde entier est presque infini. Nous allons décrire les exercices de base, les plus simples à exécuter, les plus courants et également les plus efficaces. Il faut rappeler que les exercices de gymnastique doivent être exécutés avant l'entraînement et juste après l'échauffement, en essayant de les effectuer avec un minimum de rythme.

Les exercices de mobilisation

Par commodité, nous les avons divisés en quatre groupes :
– exercices de mobilisation du buste ;
– exercices de mobilisation du cou ;
– exercices de mobilisation de l'épaule ;
– exercices de mobilisation des hanches.

Mobilisation du buste

Il y a fondamentalement quatre types d'exercices de mobilisation du buste :
– flexions longitudinales jambes écartées et tendues ;
– flexions transversales ;
– torsions ;
– dilatations du thorax.

Les **flexions** doivent toujours être exécutées **jambes tendues** (si l'on plie un genou cela ne va pas), les mains croisées derrière la nuque, les coudes bien écartés, parallèles aux épaules. L'exercice en soi est très simple puisqu'il suffit de se balancer d'avant en arrière ou d'un côté à l'autre jusqu'à ce que l'on atteigne la flexion maximale autorisée par le buste.

Les **torsions** doivent être exécutées en gardant les mains et les coudes dans la même position que celle décrite précédemment, les jambes écartées et tendues, les **hanches bloquées**. L'exercice

Séquence d'exercices de mobilisation du buste : ici, flexions longitudinales

consiste à faire pivoter alternativement les épaules le plus possible vers la droite puis vers la gauche, en faisant également pivoter le front, mais en gardant les hanches fermes.

Pour exécuter correctement tous les exercices de mobilisation du buste, il faut diviser les flexions et les torsions en séries de dix et les effectuer en alternance trois fois chacun.

Flexions transversales du buste : les jambes sont tendues

Torsions du buste : elles doivent être exécutées les hanches bloquées

Les **dilatations du thorax** sont exécutées en se mettant **jambes serrées**, poitrine gonflée, tête haute et bras tendus perpendiculaires au buste. Il faut amener les bras le plus possible vers l'arrière en laissant les paumes des mains tournées vers l'avant. Pendant ce geste, il faut essayer de se soulever sur la pointe des pieds.

Dilatation du thorax : on se soulève sur la pointe des pieds

Mobilisation du cou

Les exercices de mobilisation du cou sont au nombre de quatre :
– flexions longitudinales ;
– flexions transversales ;
– rotations axiales ;
– rotations complètes.

Les **flexions longitudinales** et **latérales** s'exécutent en bougeant la tête vers l'avant et vers l'arrière ou en l'inclinant d'un côté à l'autre. Les épaules doivent rester immobiles et il faut essayer d'exécuter ces mouvements en inclinant le cou le plus possible.

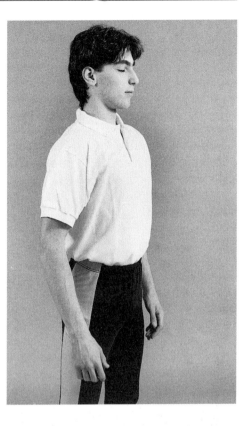

Flexions longitudinales du cou

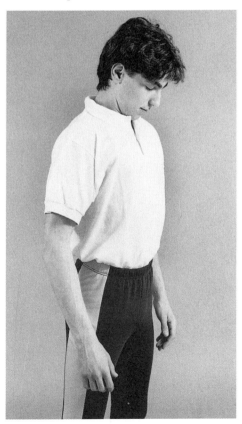

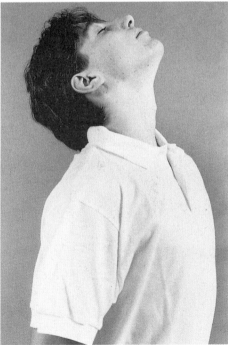

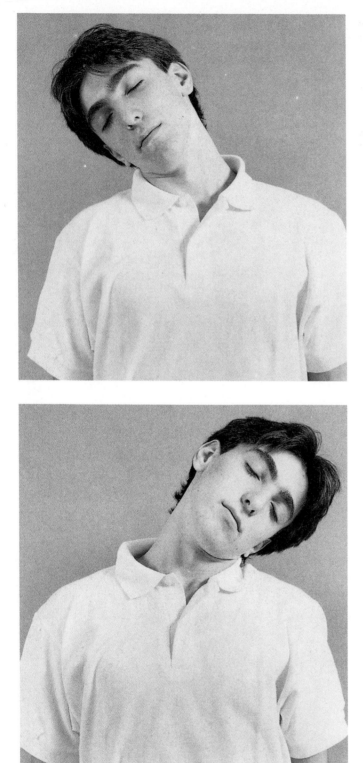

Les **rotations axiales** sont exécutées en tournant la tête le plus possible de la droite vers la gauche, mais en laissant toujours le cou très relâché. Les **rotations complètes** sont, en revanche, exécutées en faisant pivoter la tête d'abord dans un sens puis dans l'autre, comme s'il s'agissait d'un « poids mort ».

Il faut signaler que tous les exercices peuvent donner lieu à de légers étourdissements s'ils sont exécutés trop rapidement et trop longtemps.

Flexions transversales du cou

Ce problème peut être résolu en exécutant les mêmes exercices lentement les yeux fermés, les jambes bien écartées et les mains sur les hanches. Comme l'exécution de ces exercices ne nécessite pas d'efforts musculaires, il est conseillé de se relâcher complètement en s'asseyant par terre si cela est nécessaire.

Ceux qui ont des problèmes de cervicales doivent d'abord demander conseil à leur médecin.

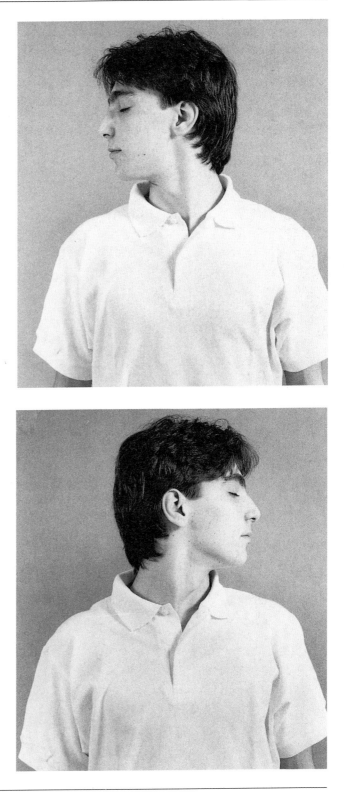

Rotations axiales du cou

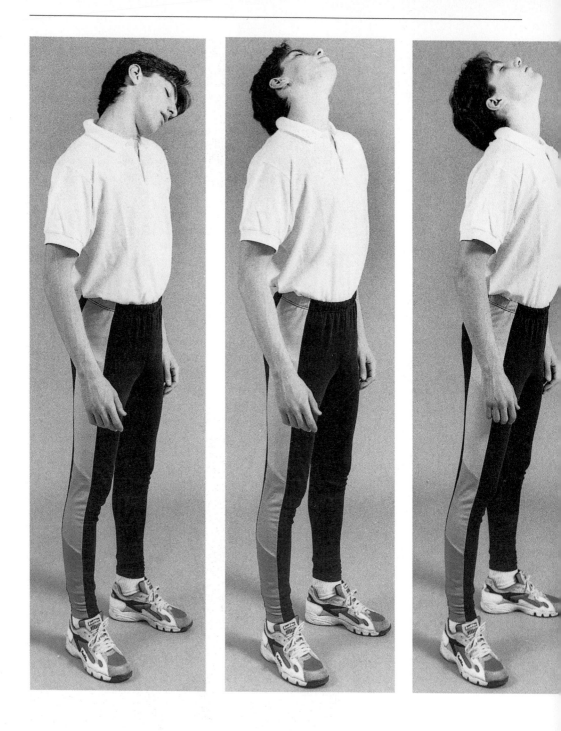

Rotations complètes du cou

Mobilisation de l'épaule

La mobilisation de l'épaule comporte trois exercices fondamentaux :
– les dilatations du thorax ;
– les balancements longitudinaux et alternés des bras ;
– les circumductions dissociées des bras.
Nous avons déjà vu précédemment les **dilatations du thorax**.
Les **balancements longitudinaux** sont exécutés en faisant pivoter alternativement les bras du bas vers le haut perpendiculairement aux épaules. Cet exercice doit être exécuté **bras replié** et une fois qu'il est à la verticale, la paume de la main tournée vers l'avant.

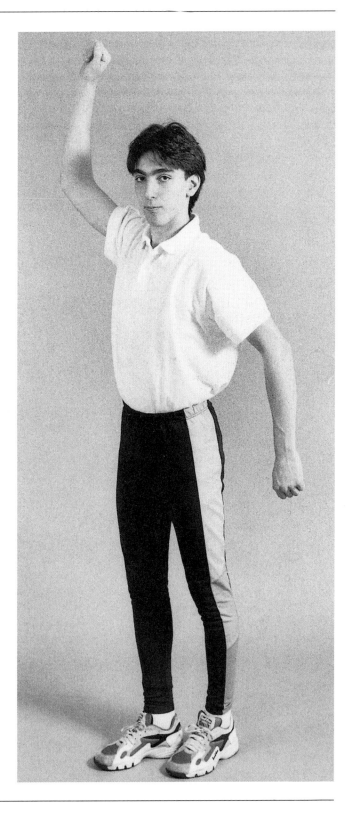

Mobilisation des épaules :
balancements longitudinaux

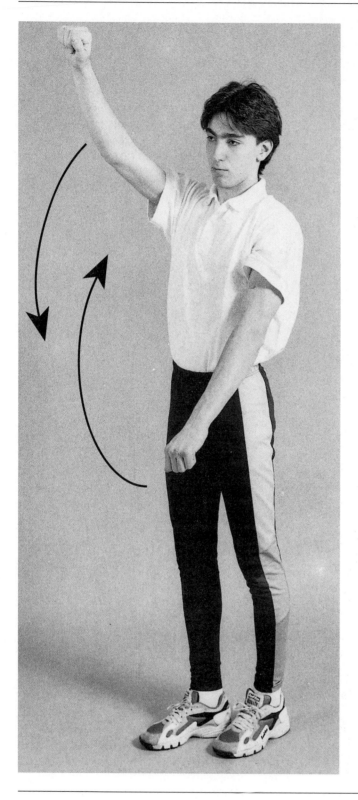

Les **circumductions dissociées** ne sont rien d'autre que des rotations complètes exécutées en même temps avec les deux bras : pendant qu'un des bras tourne vers l'avant, l'autre tourne vers l'arrière. En partant d'une position de repos les bras allongés le long du corps, on soulève le bras droit vers l'avant et le bras gauche vers l'arrière, jusqu'à ce que les deux bras soient dirigés vers le ciel. La rotation se termine quand les bras sont à nouveau en position de repos et l'exercice reprend en effectuant des rotations en sens inverse.

Mobilisation des épaules :
circumductions dissociées

Mobilisation des hanches

Les exercices principaux de mobilisa-tion des hanches que l'on peut exécuter à l'arrêt sont au nombre de deux :
– balancements longitudinaux des jambes ;
– balancements transversaux des jambes.
Ces deux exercices **s'exécutent en appuyant le dos contre le sol** et en levant les jambes vers le haut sans les fléchir. Pour que la position soit plus facile à tenir, on peut placer ses mains sous les reins et appuyer ses coudes contre le sol pour soutenir les hanches. En partant de cette position, on balance alternativement les jambes vers l'avant, vers l'arrière et sur les côtés, en essayant de toujours les écarter le plus possible.

Balancement transversal des jambes le dos au sol

Pas effectués accroupi

On peut également effectuer d'autres exercices de mobilisation en marchant à grands pas et en se penchant à chaque pas sur le pied le plus avancé.

Le stretching

Les exercices de stretching ont pour but d'améliorer l'élasticité des muscles et des tendons. Contrairement aux exercices de mobilisation qui sont exécutés d'une manière rythmée et rapide, les exercices de stretching doivent être effectués avec une certaine lenteur sans jamais provoquer de douleurs.

Ainsi, on peut même les exécuter chez soi, assis sur un tapis et en regardant la télévision.

Devenue très à la mode aux États-Unis, la gymnastique « stretching » a été l'objet d'études approfondies qui ont permis de mettre au point une longue série d'exercices destinés à rendre chaque muscle plus élastique.

Je vais vous présenter seulement trois exercices qui sont très simples mais d'une grande utilité pour prévenir les ennuis sur le tendon d'Achille et sur les genoux, assez fréquents quand on pratique la course à pied.

Vous trouverez aussi deux autres exercices pour ceux d'entre vous qui connaissent des problèmes de rigidité à la hanche.

1. On se place à un mètre environ d'un mur et on s'appuie dessus avec les deux mains **en maintenant les genoux tendus**. On fléchit ensuite une jambe et on déplace le poids de son corps sur l'autre jambe, le pied et le talon bien collés au sol, jusqu'à ce que l'on ressente l'étirement du mollet. Cet exercice peut être facilité si l'on fléchit les bras et si l'on rapproche son visage du mur. Il faut rester dans cette position pendant quelques secondes, puis revenir à la position de départ. L'exercice doit être recommencé une vingtaine de fois.

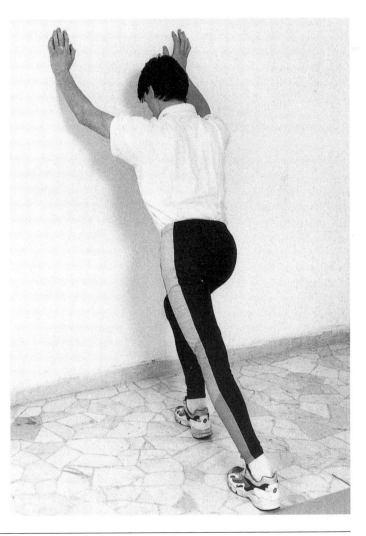

Étirement des mollets contre un mur : c'est la jambe la plus éloignée du mur qui travaille

91

2. On se place devant un support (une chaise ou un parapet) et on pose son pied dessus. Le pied doit être légèrement plus bas que la hanche. L'autre jambe **doit être détendue** mais sans trop fléchir le genou (seule une légère flexion est admise).

On se penche vers le pied soulevé du sol et on s'arrête dans cette position pendant 20 secondes environ jusqu'à ce que l'on ressente une sensation d'étirement dans les muscles de la jambe ou du dos. On recommence cet exercice au moins une dizaine de fois pour chaque jambe.

Étirement de la cuisse et du mollet en utilisant une chaise

3. On s'assied par terre en plaçant la plante d'un pied en appui sur l'intérieur du genou de l'autre jambe, qui doit rester bien tendue.

On attrape la pointe de son pied avec les mains et on se penche vers l'avant jusqu'à ce que l'on ressente une nette sensation d'étirement qui peut se localiser dans la jambe ou dans le dos. Il faut faire en sorte que la jambe fléchie adhère le plus possible au sol.

On attend quelques secondes dans cette position avant de refaire l'exercice avec l'autre jambe.

Étirement de la cuisse et du mollet au sol

4. On s'assied par terre les jambes bien tendues et le plus écartées possible. On replie une jambe en amenant le pied vers l'arrière en direction de la fesse correspondante. On attrape l'autre pied avec une main et on appuie l'autre main sur le genou, de façon à le maintenir contre le sol.

On se penche vers le pied le plus avancé jusqu'à ce que l'on ressente une nette sensation d'étirement qui peut se localiser dans la jambe ou dans le dos.
On reste quelques secondes dans cette position avant de reprendre l'exercice avec l'autre jambe.

Exercice du coureur de haies

5. On s'assied par terre les pieds joints ; on appuie ses coudes sur les cuisses et l'on pousse les genoux vers le bas jusqu'à ce que cela fasse mal.

Exercice de l'Indien : on l'exécute en appuyant ses genoux sur le sol

Les exercices de musculation

Les exercices de musculation ne doivent concerner que les muscles qui, en raison de leur faiblesse par rapport aux autres muscles, compromettent par leur ineffi-cacité les performances ou le style d'un coureur. Il en résulte qu'un coureur ne doit pas se transformer en culturiste et que le travail avec les haltères doit être effectué avec prudence.

C'est pour cette raison et pour éviter de vous donner des conseils trop généraux que nous ne vous donnons pas d'exem-ples : c'est à votre entraîneur d'établir, en cas de besoin, un programme de tra-vail parfaitement adapté à votre situa-tion.

Le marathon

Il n'existe pas au monde un seul coureur qui ne rêve un jour ou l'autre de s'inscrire à une épreuve de marathon et d'aller jusqu'au bout. La distance olympique représente l'ambition suprême de tous ceux qui aiment courir et cela indépendamment du fait qu'ils pratiquent cette activité par plaisir ou pour la compétition. Ceux qui ne courent pas ne peuvent pas comprendre la fascination qu'exercent ces 42 kilomètres, pas plus que la beauté sauvage d'un tel effort. En effet, **le marathon**, avant d'être une course contre le temps et contre des adversaires, est d'abord **une compétition contre soi-même, une sorte de banc d'essai pour mettre à l'épreuve ses capacités de réaction, sa préparation, sa volonté**. Nous ne sommes pas du tout en train d'exagérer : 42 kilomètres à parcourir à pied représentent une grande distance, que ce soit en marchant ou en courant, pas seulement pour l'effort physique que cela demande, mais aussi pour l'effort mental que cela nécessite.

En effet, le véritable adversaire, c'est une pensée qui commence en général à germer dans la tête d'un coureur à pied au bout de 20 kilomètres, et qui devient de plus en plus insistante au fur et à mesure que ses énergies s'épuisent : « Ça suffit. Je n'y arriverai jamais. Je m'arrête. » Souvent, l'idée de l'échec s'accompagne de réflexions sur l'inutilité d'un tel effort, sur son aspect dangereux pour la santé, sur la stupidité de la situation ; c'est comme si l'esprit n'arrivait pas à interrompre directement la course et tentait de le faire en utilisant des moyens de per-suasion occultes. C'est précisément en raison de ces implications psychologiques que le marathon ne doit pas être abordé sans une préparation adaptée qui dépasse le simple entraînement athlétique. De même, nous le déconseillons à ceux qui ne courent que depuis peu de temps et qui ne se sont pas encore aventurés sur de longues distances.

Cela ne signifie naturellement pas qu'il ne faut pas y penser : si l'idée de courir un marathon vous stimule, rien ne vous empêche de faire de cette distance l'objectif principal de vos efforts. Il suffit de prendre votre temps et ne pas vous improviser « spécialiste » simplement parce que vous avez lu un livre sur ce sujet : rien ne peut ici remplacer un entraîneur.

Courir, courir et encore courir

Ceux qui désirent aborder les longues distances sans avoir d'ambitions sportives particulières n'ont pas de difficultés à programmer leur entraînement : **il leur suffit de courir, souvent et longtemps, de plus en plus longtemps**. En effet, le meilleur entraînement consiste à augmenter progressivement aussi bien le nombre que la durée des sorties. L'idéal consiste à **s'entraîner un jour sur deux sur des parcours de 15-20 kilomètres que l'on effectue sur un rythme lent et constant. Ce travail** doit débuter au moins quatre mois avant le marathon, puis **s'intensifier** deux mois avant cette date **en poussant progressivement la distance parcourue en entraînement**

jusqu'à 25-30 kilomètres. Un mois avant le marathon, il faut effectuer **un test sur 35 kilomètres à renouveler dix jours avant la course**. Ce type d'entraînement ne permet pas d'atteindre des temps records mais de terminer la course dans un état physique convenable. Voyons à présent quelques « trucs » pour donner le maximum sans être anéanti par la fatigue.

Le rythme

Le marathon est une course qui dure au minimum trois heures et demie environ (nous parlons de personnes qui courent pour leur plaisir mais bien) et qui se termine en général au bout de quatre heures. Pour savoir à l'avance combien de temps on va mettre pour arriver jusqu'à la ligne d'arrivée et surtout pour éviter de se faire surprendre par les rythmes des autres coureurs, **il est important de vérifier quelles sont ses capacités sur le terrain**. Cela signifie qu'il faut se munir d'un chronomètre et courir sur des distances connues mais relativement brèves (2-3 kilomètres au maximum) à son propre rythme de compétition, en essayant de maintenir toujours la même foulée. L'idéal dans ce cas est de disposer d'un cardiofréquencemètre, que l'on peut ensuite utiliser en course pour vérifier si sa foulée est bonne.

Accélérations et ralentissements

Une fois que vous avez trouvé votre bon rythme, conservez-le, en évitant aussi bien les accélérations que les ralentissements. Même si vous vous sentez bien, n'accélérez pas, mais tout au plus allongez le pas lors des derniers kilomètres, quand vous serez sûr de pouvoir aller jusqu'au bout. Si, en revanche, vous êtes fatigué, essayez de tenir : le fait de ralentir apporte, bien sûr, un soulage-ment rapide, mais il peut arriver qu'en quelques minutes seulement votre nouvelle allure vous semble à nouveau trop élevée. Si cela se produit, cela veut dire que votre fatigue n'est pas d'origine physique mais mentale et que vous ne pouvez pas la combattre par le relâchement mais en persévérant dans votre effort.

Les accompagnateurs

Si le marathon n'est pas une compétition officielle, tout athlète a en général le droit d'être suivi par un accompagnateur en vélo. Il est préférable que votre ami ne vienne vous retrouver que quelques kilomètres après le départ, une fois que le groupe d'athlètes se sera égrené pour ne gêner personne avec sa bicyclette. Il ne faut pas qu'il espère vous accompagner jusqu'à la ligne d'arrivée. **Évitez de vous faire suivre par des personnes montées sur une moto ou une Mobylette** (les gaz d'échappement pourraient soulever les protestations des autres concurrents). Si votre « supporter » n'a pas d'autre moyen de transport que la voiture, fixez-vous des étapes, en prévoyant, par exemple, de vous retrouver tous les 5 kilomètres.

La tenue

Un marathon dure longtemps et tout peut arriver, y compris un changement de temps. Il faut donc que votre accompagnateur ne se contente pas de transporter des victuailles ou des boissons, mais qu'il ait aussi avec lui des vêtements de rechange, du sparadrap et un tube de vaseline, pour masser les muscles éventuellement touchés par une crampe.

Le ravitaillement

Il serait complètement démentiel d'imaginer que l'on peut courir un marathon entier sans se nourrir ni boire. Même les athlètes « sérieux » qui participent aux jeux Olympiques le font. Une alimentation correcte apporte au corps les énergies dont il a besoin, et il ne faut pas oublier que, quand on court, on transpire : on a donc besoin de récupérer les sels minéraux que l'on a perdus. **Sucre et boissons reconstituantes** doivent donc faire partie du « panier-repas », mais ces aliments doivent être faciles à ingérer (pas de tartes ni de sandwiches) et à digérer (pas de bananes). Les boissons ne doivent être ni gazeuses ni froides, mais de préférence tièdes.

La fatigue et le repos

La course à pied fatigue, surtout si l'on court longtemps comme dans un marathon. C'est la raison pour laquelle on conseille après un effort de respecter une période de repos pour « récupérer ses énergies ». Toutefois, le laps de temps pendant lequel le corps se remet de la fatigue de l'entraînement ne doit pas trop se prolonger et, en revanche, toujours tenir compte du travail accompli. Cela signifie qu'il **existe** en réalité **différents types de fatigue** et **qu'il faut respecter une période d'inactivité spécifique à chacun pour les évacuer.** Un repos trop long fait perdre les bienfaits de l'entraînement, mais un repos trop bref soumet l'organisme au stress (surentraînement).

Ceux qui courent pour leur plaisir effectuent en général une activité physique de type aérobie et n'accumulent donc pas de toxines dans leurs muscles. Cela signifie qu'après un effort prolongé, leurs muscles seront à nouveau capables de s'exprimer au mieux après quelques minutes de repos, à condition naturellement que l'effort en question n'ait pas entraîné **un épuisement complet de leurs réserves en sucres. Si c'est le cas, la période de repos doit durer au moins vingt-quatre heures et être associée à un régime approprié pour que les muscles retrouvent leur niveau initial de glucides dans les muscles.**

Si on est, en revanche, impliqué dans des **activités anaérobies,** par exemple un sprint, **la durée de la période de repos doit s'élever à au moins quarante-huit heures** pour que les muscles aient le temps d'évacuer entièrement l'acide lactique qu'ils ont accumulé. **Il faut aussi faire attention de ne pas confondre la fatigue avec l'hyperthermie,** c'est-à-dire l'accumulation de chaleur (il faut s'arrêter et se reposer au moins une demi-heure dans un endroit frais), avec **le coup de froid** (il faut aller aussitôt dans un café se réchauffer ou dans un lieu clos où l'on puisse enlever ses habits trempés) ou avec **la déshydratation,** c'est-à-dire la perte de liquides (la période de repos doit durer quelques heures et être associée à l'assimilation de boissons non alcoolisées et non glacées).

Il faut rappeler à ce propos qu'une personne qui court transpire et doit donc reconstituer ses réserves en eau. Il ne faut pas avoir peur de satisfaire sa soif : l'eau est l'élément le plus naturel auquel on puisse avoir recours, mais toutes les autres boissons font aussi l'affaire, à condition qu'elles ne soient pas gazeuses. Nous vous conseillons de faire attention aux boissons que l'on appelle « reconstituantes » et qui sont normalement étudiées pour redonner au corps les sels minéraux qu'il a perdus pendant l'exercice physique : elles ne vous feront pas de mal, mais limitez-vous aux marques les plus connues et vérifiez sur les étiquettes qu'il s'agit vraiment de boissons « reconstituantes » et non pas simplement d'eau colorée.

Les crises

Comme nous l'avons déjà vu, il existe différents types de fatigue ayant des conséquences plus ou moins graves. Nous allons récapituler rapidement les différents motifs qui peuvent provoquer une crise chez le coureur en donnant, pour chacun d'eux, les remèdes possibles.

Crise due à l'épuisement du glycogène musculaire : cela signifie en pratique que l'organisme n'a plus « d'essence » ; il n'y a plus qu'à s'arrêter et à se nourrir, de préférence avec des aliments riches en sucres.

Crise due à l'hyperthermie : pendant un effort physique, la température du corps augmente. Si elle augmente trop, c'est dangereux et il faut intervenir aussitôt en se déshabillant (si l'on est trop vêtu) ou en s'épongeant avec de l'eau fraîche mais non glacée.

Crise due à l'hypothermie ou au coup de froid : les muscles se bloquent à cause du froid ; il faut se couvrir et, dans les cas les plus graves, aller s'abriter dans un endroit chaud. Pour faire face à ce problème, des exercices de gymnastique légers, des massages à l'huile de camphre ou un bon bain peuvent être utiles.

Crise due à la déshydratation : liquides insuffisants ; il faut boire mais calmement et pas des boissons froides.

Crise due à une carence en sels minéraux : on peut en subir une si l'on transpire beaucoup et si l'on ne boit que de l'eau : il faut alors recourir aux boissons reconstituantes. La crise due à la déshydratation et celle qui provient de la carence en sels minéraux sont celles qui guettent le plus un coureur.

Crise due à l'hypoglycémie : manque de glucose dans le sang ; il faut arrêter de courir.

Crise due à l'acide lactique : c'est la crise la plus répandue quand on effectue des exercices anaérobies ; il faut réduire l'effort pour permettre au muscle d'absorber l'acide lactique, ce qui peut prendre parfois beaucoup de temps.

On peut se demander comment on distingue les crises les unes des autres afin d'y apporter les remèdes adéquats. Si l'on exclut les crises dues à des problèmes d'environnement (temps trop chaud ou trop froid) ou à des causes musculaires (crampes, etc.), il n'est pas toujours facile de faire immédiatement la distinction. Il est alors conseillé d'arrêter l'entraînement et de chercher à comprendre le problème en examinant son comportement alimentaire et physique au cours des jours qui ont précédé la crise. Si la cause n'est pas découverte et que la crise se reproduit même pendant l'entraînement, il est préférable de s'adresser à un médecin du sport.

Le coup de chaleur

La plus grande partie de l'énergie issue des substances nutritives grâce au métabolisme est convertie en chaleur corporelle. Ce principe s'applique aussi, pour deux raisons fondamentales, à l'énergie qui provoque les contractions musculaires :

a) l'énergie fournie par les substances nutritives convertie en travail musculaire ne dépasse pas 20-25 %. Les 75-80 % restants sont convertis en chaleur au cours des réactions chimiques intracellulaires ;

b) la quasi-totalité de l'énergie qui crée du travail musculaire se transforme aussi en chaleur corporelle, sauf une petite partie qui sert à vaincre la résistance visqueuse des mouvements des muscles et des articulations et à freiner le frottement du sang qui circule dans les artères.

Si l'on considère que la quantité de chaleur libérée dans le corps est proportionnelle à la quantité d'oxygène consommée par un athlète, on peut facilement imaginer que des quantités considérables de chaleur doivent se développer à l'intérieur des tissus corporels pendant des manifestations athlétiques d'endurance : c'est la raison pour laquelle la température corporelle des athlètes passe de 37 °C à 38 °C, y compris si les conditions climatiques sont normales. Si le temps est chaud et humide ou si le coureur porte trop de vêtements, sa température peut atteindre 41/42 °C, un niveau destructeur pour les cellules des tissus et notamment les cellules cérébrales. Si le mécanisme de la transpiration ne parvient pas à éliminer la chaleur produite par l'effort, un athlète peut donc subir un coup de chaleur, une pathologie qui se caractérise par les symptômes suivants : extrême faiblesse, mal de tête, vertige, nausée, transpiration très abondante, difficulté de coordination des mouvements, collapsus et perte de conscience.
Le coup de chaleur peut entraîner la mort si l'athlète n'est pas secouru à temps, mais il ne suffit pas d'arrêter de courir pour faire baisser la température : en effet, celle-ci continue à monter parce que la quantité de réactions chimiques intracellulaires qui sont en cours libèrent encore plus de chaleur ; il peut également arriver que les mécanismes régulateurs situés dans les centres cérébraux (dans l'hypothalamus) ne parviennent pas à maintenir la température à un niveau constant (37 °C au repos).
Le traitement du coup de chaleur repose donc sur la réduction la plus rapide possible de la température du corps : il faut retirer tous les vêtements de la personne concernée, vaporiser son corps avec de l'eau froide mais non glacée et lui apporter de l'air frais.

L'expérience a démontré que ce traitement pouvait faire baisser rapidement la température mais, dans les cas les plus graves, il faut aller jusqu'à immerger tout le corps de la personne dans l'eau froide.

La déshydratation

Quand un coureur effectue des performances d'endurance dans des conditions climatiques chaudes et humides, il peut très bien perdre 4-5 kilos de poids corporel en seulement une heure.
La perte de poids est déterminée principalement par la perte de sueur et si celle-ci dépasse 3 % du poids corporel, cela peut entraîner une diminution des performances athlétiques. Si l'on atteint des pertes de liquides de 5 à 10 %, les conséquences deviennent plus sérieuses et se traduisent par des crampes musculaires, des nausées et d'autres symptômes. **Il est donc nécessaire de réhydrater l'organisme.**
La sueur contient en outre un fort pourcentage de sels minéraux. C'est pour cette raison que les athlètes en phase d'entraînement, surtout sous les climats humides, devraient prendre du chlorure de sodium associé à du potassium (par exemple des jus de fruits).
Il est également recommandé aux athlètes qui vont s'entraîner dans des pays au climat chaud et humide de respecter une période d'acclimatation à titre préventif. En effet, au bout d'un certain temps, les glandes sudoripares s'habituent au nouveau milieu et la perte de sels minéraux est limitée par l'organisme. Ce processus est dû à la sécrétion d'une hormone appelée aldostérone qui a un effet bénéfique sur les glandes sudoripares puisqu'elle absorbe en partie le chlorure de sodium avant qu'il ne soit rejeté et qu'il ne se dépose sur la surface de la peau.

Courir avec son chien

Pour ceux qui aiment courir et qui aiment aussi les chiens, il n'y a rien de plus beau que d'aller vagabonder dans les prés et dans les parcs avec leur fidèle compagnon. Cela ne peut pas faire de mal à un chien de courir et il ne faut pas croire qu'il « va se fatiguer » : en effet, un chien va beaucoup plus vite qu'un homme et il suffit de quelques foulées pour se rendre compte que la course d'un homme effectuée sur un bon rythme équivaut au trot paisible d'un quadrupède, à condition que la taille de celui-ci soit adaptée à la situation. En effet, il serait exagéré de demander à un Bichon ou à un Yorkshire de nous accompagner pendant 10 ou 15 kilomètres, mais il n'y a, en revanche, aucun problème avec un Labrador, un Berger allemand, un Setter, un Schnauzer, ou tout autre chien de taille moyenne ou grande. Si le rythme n'est pas très élevé, des gros chiens comme le Saint-Bernard ou le Terre-Neuve courent également très bien. Mon Terre-Neuve, un mâle de 65 kilos, me suit fidèlement, y compris pendant les courses, et il aboie autant qu'il peut quand je n'arrive plus à suivre le rythme. Un Mâtin napolitain suit également volontiers son maître bien qu'il ait l'air très paresseux. Il faut savoir que les chiots peuvent commencer à courir dès l'âge de 4 mois mais uniquement sous forme de jeu, en rapportant par exemple le bâton qu'on leur lance. L'entraînement sur de longues distances peut débuter quand le chien est âgé de 8 mois à un an, selon la race.

Ce qui compte, quand on désire courir en compagnie de son chien, ce n'est pas sa race, mais plutôt le rapport que l'on a établi avec l'animal. On ne doit pas le forcer et **s'il n'est pas habitué à courir, il faut qu'il subisse aussi un bon entraînement**. Il ne faut surtout pas oublier que c'est un chien et qu'il ne s'intéresse donc pas aux distances ni aux tableaux.

Du point de vue pratique, cela signifie que la personne qui court avec son chien ne doit pas exiger de lui qu'il la suive comme son ombre ni s'énerver si son animal change de direction pour aller faire la cour à une chienne.

Ce qui est beau dans la course d'endurance, c'est de vagabonder ensemble sans se soucier de la direction ni du rythme. Si le chien est bien éduqué, il va suivre l'homme au cours de toutes les phases de ses entraînements sans le gêner le moins du monde et même, au contraire, le stimulera dans les moments difficiles.

Il ne faut pas oublier **qu'à la différence de l'homme, le chien ne transpire pas et a peu de réserves hydriques** : il est donc important qu'il y ait des points d'eau sur le parcours pour qu'il puisse s'abreuver. Il faut absolument éviter la muselière parce qu'elle gêne le chien dans sa respiration ainsi que les laisses trop courtes qui empêchent le coureur de remuer correctement les bras. Quand on court en pleine campagne, on peut se passer complètement de laisse.

Courir avec son chien est encore plus amusant

TROISIÈME PARTIE
LES ASPECTS MÉDICAUX

Les problèmes des coureurs

Nous avons dit précédemment que la course à pied faisait du bien en toutes circonstances.

Cela n'empêche pas un coureur bien préparé et expérimenté de connaître des petites blessures dues à son activité. S'ils sont traités correctement, ces petits problèmes n'entraînent aucune mauvaise surprise et ne nécessitent pas l'intervention d'un médecin. Nous allons examiner la pathologie et le traitement des principaux troubles que l'on peut rencontrer quand on court ainsi que la façon de les prévenir.

Les ampoules

Un des ennuis les plus fréquents chez les coureurs est l'ampoule au pied : ce problème se manifeste surtout chez les sujets non entraînés ou, plus généralement, à chaque fois que l'on met des chaussures neuves. En effet, les ampoules sont dues à des frottements ou des compressions anormales, des sollicitations auxquelles le pied réagit localement en créant une sorte de « coussin » amortisseur constitué d'une couche de peau soutenue par un liquide séreux ou, parfois, par du sang. Dans le premier cas, les ampoules ont une coloration claire, très proche de celle de la peau du reste du pied, tandis que dans le second cas, elles prennent une coloration plus foncée, voire bleuâtre. Si l'ampoule est petite et uniquement remplie de sérum, **on peut la percer avec une aiguille stérile** (il suffit de brûler la pointe d'une aiguille à coudre à la flamme) et laisser le liquide s'écouler sans retirer la peau qui le recouvre. Une fois qu'elle a séché, il n'y a rien d'autre à faire si ce n'est éviter que la chaussure ne vienne à nouveau comprimer cette partie du pied : on peut pour cela employer des petits pansements souples que l'on utilise habituellement pour soigner les cors aux pieds.

Si, en revanche, l'ampoule est grosse ou pleine de sang, il faut la traiter en enlevant la peau avec des ciseaux stériles et la désinfecter avec du Mercurochrome. On recouvre ensuite cette zone d'une gaze stérile et on y applique un pansement après avoir placé aux bords de la blessure une bande de coton enroulée pour éviter que la zone sans peau soit sollicitée ou entre en contact avec les chaussettes. Il faut noter que la pose du pansement répond surtout à des impératifs esthétiques : dès que possible, et surtout la nuit, il est préférable de désinfecter la blessure et de la laisser à l'air libre pour favoriser sa cicatrisation rapide.

Il est toutefois préférable de prévenir les ampoules que de les soigner : pour cela, il faut, comme nous l'avons dit, étaler de la vaseline sur tout le pied et mettre deux paires de chaussettes de coton léger l'une sur l'autre.

Les hématomes aux ongles

Pendant la course, quand le pied retouche le sol après sa phase d'envol, on enregistre un glissement du pied vers l'avant, à l'intérieur de la chaussure. Il peut alors arriver qu'un ou plusieurs ongles viennent heurter continuellement la partie antérieure de l'empeigne, provoquant ainsi un hématome qui noircit l'ongle. Cette coloration est liée à l'accumulation de sang sous l'ongle et peut s'accompagner d'une sensation de douleur. Dans ce dernier cas, c'est-à-dire si l'ongle fait mal, **il faut faire sortir le sang en trouant l'ongle** au milieu, avec une aiguille stérile. Il suffit de désinfecter l'aiguille et de la faire tourner entre le pouce et l'index jusqu'à ce qu'il y ait un petit trou dans l'ongle. Cette opération est un peu longue, mais elle ne fait pas mal.

Les abrasions

Quand on court longtemps, les bouts du sein frottent contre le tissu du maillot et provoquent des abrasions, entraînant même parfois des saignements. À titre préventif, on peut utiliser des maillots ajourés à l'endroit des aréoles ou, plus simplement, recouvrir les deux mamelons de sparadrap. **Des abrasions peuvent aussi apparaître aux aisselles, à l'intérieur des cuisses**, sur la partie interne des genoux et des mollets. Il est encore une fois conseillé d'enduire préventivement les zones à risque avec de la vaseline.

La foulure de la cheville

Cet incident survient surtout quand on court sur des surfaces irrégulières. Il concerne parfois les ligaments qui partent de la malléole latérale (plus rarement de la malléole interne) et peut être léger, simple ou bien grave avec complications s'il entraîne la rupture et la fracture de la malléole. Comme la foulure de la cheville provoque des infiltrations de sang dans les tissus mous, il faut pratiquer des **applications de glace** et faire des **compressions sur la zone intéressée** aussitôt après l'incident et le plus rapidement possible, pour éviter des hémorragies.

Le refroidissement de la zone du pied doit également s'accompagner de la pose d'un pansement qui maintienne le pied à 90° par rapport à la jambe ; cette application doit durer de 30 à 60 minutes. Naturellement, il faut très rapidement soumettre le pied à un examen radiologique pour vérifier l'absence de fracture de la malléole. Parfois, de telles fractures sont moins graves qu'un déchirement des ligaments qui peut au contraire entraîner une très longue indisponibilité.

Les myalgies et les claquages musculaires

Plus simplement appelées douleurs musculaires ou **crampes**, les myalgies concernent surtout les mollets et la partie antérieure de la cuisse. Elles sont provoquées en général par un travail musculaire excessif ou par des modifications soudaines du rythme de travail accompli par les muscles : cela se produit, par exemple, quand les conditions et les caractéristiques du sol changent. Les muscles sujets à des crampes sont durs et rigides, symptômes dus à l'accumulation d'acide lactique ou d'autres résidus du métabolisme : ces composés produisent une pression osmotique plus importante à l'intérieur des fibres musculaires qu'à l'extérieur. Ce phénomène entraîne un fort besoin en eau à l'intérieur du muscle et donc un gonflement des fibres. Dans ces conditions, les vaisseaux sanguins les plus petits sont comprimés et ralentissent l'évacuation des résidus par voie veineuse.

Le **claquage musculaire** se différencie de la myalgie puisqu'il ne touche en général qu'un seul membre. Il surgit soudainement et se manifeste par une douleur aiguë sur un point bien précis.

Pour les douleurs musculaires, on prescrit un traitement à base **d'applications chaudes, de massages et de médicaments myorelaxants** ; en ce qui concerne **les claquages**, c'est **le froid** qui représente la meilleure thérapie. Pour prévenir ces deux pathologies, il est conseillé de respecter les phases d'échauffement et de décontraction avant et après l'activité physique.

Les douleurs au foie et à la rate

Il peut arriver qu'une personne n'ayant jamais pratiqué d'activité sportive ressente un jour une douleur aiguë sur le flanc gauche lors de ses premiers entraînements. Cette douleur disparaît toute seule dès que l'entraînement est terminé et il se peut très bien qu'elle ne réapparaisse pas avant un certain temps.

On appelle cette douleur « douleur à la rate » parce qu'elle se situe précisément à l'emplacement de cet organe. Que la rate ait un rapport quelconque avec cette symptomatologie est toutefois un fait qui reste à démontrer : comme cette douleur est vraiment occasionnelle et qu'elle n'apparaît pas chez les sujets entraînés, aucun médecin ne s'est lancé jusqu'à présent dans des recherches pour le démontrer. Les coureurs qui connaissent ce problème pendant l'entraînement doivent savoir qu'il suffit de s'arrêter un ou deux jours pour qu'il disparaisse avant de se remettre à courir comme si de rien n'était.

Les choses sont différentes en ce qui concerne la douleur ressentie sur le côté droit, définie comme « mal au foie ». Il existe deux théories pour expliquer ce phénomène. Certains médecins affirment que cette douleur est provoquée par une accumulation nocive de toxines dans le foie qui seraient générées par l'effort physique. D'autres scientifiques émettent au contraire l'hypothèse que la douleur au flanc droit serait imputable au fait que, physiologiquement, la partie droite du cœur n'exerce pas un pompage aussi efficace que la partie gauche. Pendant la course, il se produirait donc une accumulation de sang dans le foie : comme celui-ci est recouvert d'une membrane non extensible riche en terminaisons nerveuses appelée capsule de Glisson, cela provoquerait une douleur.

Quelle que soit la cause de ce problème, il est évident qu'il ne faut pas le sous-estimer. La douleur est aiguë et empêche la poursuite de l'entraînement et, surtout, elle frappe par surprise et peut toucher aussi bien les débutants que les athlètes professionnels. Une prévention efficace peut consister à pratiquer au moins une fois par semaine l'**interval-training**, de préférence en association avec des mouvements de gymnastique respiratoire particuliers pour solliciter le diaphragme. **Du point de vue pratique**, il s'agit de gonfler au maximum les poumons (en position debout, les bras levés au-dessus de la tête, le ventre et le thorax dilatés), puis de les vider complètement juste après (accroupi sur les talons, les bras agrippant les genoux, le ventre et le thorax le plus comprimés possible).

Ce type de respiration est justifié par une théorie qui fait du diaphragme le responsable des douleurs dès qu'il est incapable de s'adapter au rythme de la respiration pendant des efforts intenses et prolongés.

Les urines rouges

À la fin d'un entraînement particulièrement intense, il peut arriver que les globules rouges (myoglobines et hémoglobines) libérés par les fibres musculaires provoquent un phénomène particulier appelé « hématurie », qui se manifeste par une coloration très foncée des urines. La présence des globules rouges est due à la carence en oxygène dans les capillaires rénaux. Pendant les efforts intenses, la quasi-totalité du sang est envoyée vers les muscles ; les capillaires rénaux se dilatent par manque d'oxygène, permettant la libération des globules rouges qui vont ainsi dans les voies excrétrices avant de se retrouver dans les urines. Ce phénomène est passager et ne nécessite aucun traitement.

Le pied

Quand on court, le corps passe alternativement d'une phase « d'envol », c'est-à-dire sans contact avec le sol, à une phase « d'appui », au moment où on touche le sol avec l'avant du pied, avant de connaître une phase de « poussée », quand le pied commence à propulser de nouveau le corps vers l'avant. Pendant les tout premiers moments de la phase d'appui, l'impact du pied sur le sol devrait être suivi d'une action destinée à l'amortir : si cette dernière n'est pas parfaitement exécutée, les articulations et les ligaments sont sollicités considérablement. Comme pendant une course les « atterrissages » brutaux peuvent être très nombreux, cela provoque une véritable action de martèlement qui, au fil de la course, peut occasionner de nombreux problèmes.
Parmi les pathologies les plus fréquentes, on peut rappeler :

– les métatarsalgies (douleurs localisées sur la partie antérieure du pied à la hauteur du deuxième métatarsien, 2 ou 3 centimètres avant l'attache du deuxième doigt de pied) ;
– les fasciites plantaires (douleurs dans la région du talon) ;
– le syndrome du tarse (douleur ressentie à l'avant et légèrement sur le côté de la malléole externe) ;
– les périostites tibiales (douleur et gonflement de la face interne du tibia) ;
– les tendinites (douleurs aux tendons et en particulier au tendon d'Achille).
Il existe pour tous ces problèmes des soins spécifiques mais le véritable remède consiste à **apprendre à courir de façon fonctionnelle**, c'est-à-dire en offrant un appui plat (sans atterrissages sur la partie interne ou externe de la plante) à son pied. Des anomalies anatomiques comme les asymétries, le pied bot ou plat, peuvent aussi provoquer des problèmes, mais, dans ce cas, les choses se compliquent parce qu'il faut trouver une bonne harmonie des mouvements grâce à un entraînement adapté. Il faut retrouver la souplesse des articulations, l'équilibre et allonger la musculature liée au syndrome en question pour augmenter son efficacité : en un mot il faut un entraîneur.

Le tendon d'Achille

Nous avons évoqué précédemment les tendinites et en particulier celles qui peuvent toucher le tendon d'Achille. Cette pathologie apparaît surtout quand l'atterrissage manque de souplesse et que c'est le tendon qui est en grande partie chargé d'amortir l'impact. Ce trouble est très fréquent chez les coureurs à pied. Le tendon peut gonfler et s'enflammer, dégénérer et se déchirer. Ceux qui souffrent de ce problème doivent surtout éviter les courses en montée, les sprints, les terrains irréguliers et, plus généralement, tous les mouvements qui font beaucoup travailler le tendon. En outre, il est nécessaire de prévenir les tendinites par une **gymnastique spécifique (stretching) visant à provoquer un étirement du mollet**. Si ce dernier, constitué des jumeaux et du soléaire (triceps sural) est trop court et peu extensible, cela aura une conséquence sur le tendon distal (tendon d'Achille) au moment de la phase la plus délicate de l'atterrissage. Quand la tendinite apparaît, le meilleur traitement consiste à faire des **applications de glace sur la zone touchée pendant 30 à 40 minutes suivies d'un traitement anti-inflammatoire et d'ionophorèse**.

Les fractures

Quand on court il est rare de se fracturer un os à moins de tomber. Il existe toutefois un cas de fractures appelé « fractures de fatigue » (*march fractures*) qui concerne généralement la partie métatarsienne du pied et qui, au lieu de survenir après un traumatisme violent, est le résultat d'une somme de microtraumatismes étalés dans le temps. Ces fractures se manifestent par un œdème (gonflement) sur l'avant-pied et une sensation de douleur. La fracture est toujours visible sur la radio dix ou vingt jours après les premiers symptômes.

Le genou

Tous les mouvements que le corps humain peut accomplir sont liés aux efforts et aux tensions que nos 501 muscles transmettent à nos 208 os et aux connexions dont la nature nous a dotés.

Les connexions entre deux os sont presque fixes quand elles relient entre eux des éléments qui ont comme seule fonction de soutenir ou de protéger (par exemple, les os du crâne), mais leur degré de mobilité est plus ou moins élevé quand elles mettent en contact des os qui servent de support à des parties du corps sujettes à des mouvements (par exemple les os du bras et de l'avant-bras).

Dans ce cas, la connexion prend le nom d'« articulation » et fait intervenir d'autres éléments qui remplissent des fonctions bien précises à l'endroit où les os se touchent (les saillies articulaires) : les « capsules articulaires » ont comme fonction de protéger l'articulation ; le « liquide synovial » sert de lubrifiant en assurant la progression et le dosage des mouvements ; les « ligaments » servent de liens élastiques entre deux os en empêchant qu'ils puissent adopter des positions différentes de celles qui sont prévues par la nature.

Ce type d'articulation est typique du genou, un des éléments le plus sollicité pendant la course et également celui qui finit par poser le plus de problèmes au coureur. Deux os sont en contact dans le genou : le fémur, qui est l'os de la cuisse, et le tibia, associé au pied. Ces deux os travaillent grâce à deux supports séparés que l'on appelle des condyles : les condyles fémoraux sont deux petits cylindres osseux qui prennent appui dans deux cavités du tibia (condyles tibiaux). En outre, l'ensemble de l'articulation est entouré d'une membrane (la capsule articulaire déjà citée) à l'intérieur de laquelle, entre les deux os, se trouvent deux lames de cartilage semi-lunaires : le ménisque latéral et le ménisque médian (interne). Les ligaments complètent l'articulation : le ligament antérieur et le ligament postérieur sont les plus importants et comme ils for-

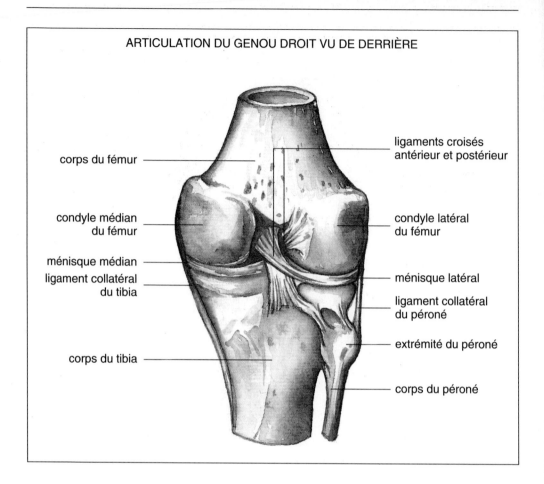

ARTICULATION DU GENOU DROIT VU DE DERRIÈRE

corps du fémur

condyle médian
du fémur

ménisque médian
ligament collatéral
du tibia

corps du tibia

ligaments croisés
antérieur et postérieur

condyle latéral
du fémur

ménisque latéral

ligament collatéral
du péroné

extrémité du péroné

corps du péroné

ment un « X » ils sont également appelés « ligaments croisés », tandis que les ligaments collatéraux, l'un relié au péroné et l'autre au tibia, servent d'éléments de renfort.

Les lésions des ménisques

Quand un problème survient au genou, il y a de grandes chances pour qu'il s'agisse d'une lésion des ménisques, un événement qui est si fréquent que l'on peut le définir comme la lésion typique du sportif. Il s'agit d'une déchirure produite par des mouvements extrêmes de flexion et de distension rapide auxquels est exposé le genou pendant les différents exercices. Quand on fléchit le genou, il peut en effet arriver que le ménisque (en particulier le ménisque interne) soit extrait violemment de son logement : si une brusque extension suit un tel stress, il peut se produire que l'organe, sorti de son emplacement habituel et n'ayant pas la possibilité d'y retourner rapidement, subisse des déchirures. Dans la majorité des cas, l'insertion du ménisque se détache dans la capsule articulaire. Dans cette hypothèse, l'organe est encore entier, mais il est tellement mobile sur sa base qu'on dit qu'il « flotte ».

La symptomatologie du problème est claire : l'athlète ressent **une douleur**

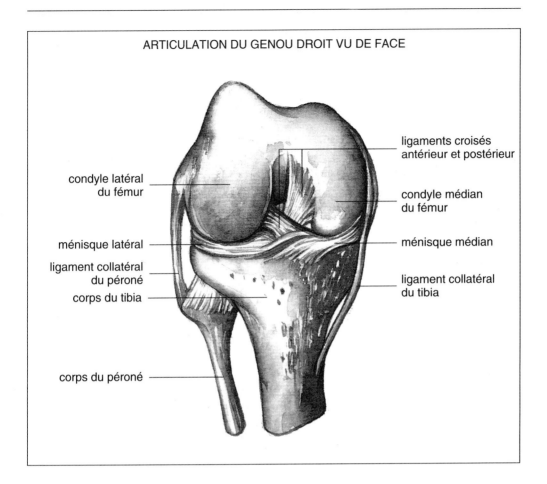

ARTICULATION DU GENOU DROIT VU DE FACE

ligaments croisés antérieur et postérieur

condyle latéral du fémur

condyle médian du fémur

ménisque latéral

ménisque médian

ligament collatéral du péroné

ligament collatéral du tibia

corps du tibia

corps du péroné

aiguë au moment extrême d'une extension ou d'une flexion, douleur localisée exactement dans l'espace articulaire. On assiste ensuite à l'apparition d'une concentration de liquides, puis à une hypertrophie de la cuisse. Il faut préciser que dans le cas des lésions du ménisque, le diagnostic radiologique n'offre pas de résultats absolument sûrs : il faut toutefois effectuer cet examen pour exclure la présence d'autres lésions. Pour obtenir un bon diagnostic, il faut donc avoir recours à une ponction, tandis que l'échographie et le scanner sont indispensables. Le **traitement** est **chirurgical** et il consiste à pratiquer l'ablation du ménisque ou d'une partie du ménisque.

L'arthrose du genou

Le terme d'« arthrose » regroupe les maladies articulaires non inflammatoires, mais dégénératives dont l'apparition peut être liée à des facteurs divers qui vont des anomalies congénitales aux troubles de croissance dans les régions d'une épiphyse (les extrémités d'un os), des altérations de la structure osseuse dues à l'âge aux conséquences de luxations ou de subluxations non traitées. En outre, une articulation en bonne santé peut tomber malade à cause d'un poids excessif ou après des sollicitations provoquées par une activité sportive de haut niveau et donc poussée à l'extrême. La prédisposition à l'arthrose peut aussi être héréditaire et l'on a aussi émis récemment l'hypothèse que les arthroses pourraient être liées à des influences nerveuses vasculaires et hormonales qui deviendraient actives à cause d'une composition défectueuse du liquide synovial qui serait incompatible avec l'alimentation normale du cartilage.

Indépendamment des causes, le résultat est toujours le même : une incohérence entre la structure articulaire et les sollicitations fonctionnelles auxquelles elle devrait répondre. Cette situation provoque rapidement des influences pathologiques également négatives sur les autres articulations parce que les articulations malades entraînent des surcharges sur les articulations en bonne santé, terrain favorable à l'apparition de nouvelles arthroses.

Ce problème se traduit par l'apparition d'une douleur locale et par une limitation de la fonction articulaire, c'est-à-dire des mouvements. La douleur, peu prononcée au repos, augmente en général avec le mouvement et persiste jusqu'à ce que les muscles et les surfaces articulaires intéressées retrouvent un rapport optimal. Dans le cas du genou, cet état est atteint en quelques minutes et la douleur initiale baisse d'intensité avant, dans certains cas, de disparaître complètement. Toutefois, dès que la fatigue survient et donc dès que les muscles ne parviennent plus à maintenir l'articulation en place, la douleur réapparaît avec une intensité croissante jusqu'à ce qu'elle devienne piquante et perforante. Dans une telle situation, le seul remède est d'arrêter de faire travailler l'articulation.

Le deuxième élément qui peut faire diagnostiquer la présence d'arthrose dans le genou est la déformation extérieure des profils articulaires ou la présence de crépitations, de grincements et de frottements au cours des mouvements passifs et actifs. Il faut remarquer que les surfaces articulaires et l'appareil ligamenteux, sujet à des problèmes arthritiques, sont sensibles à la pression, mais ne présentent ni gonflement dû à un épanchement, ni rougissement ni échauffement local.

La naissance de l'énergie

Notre corps utilise différentes sources d'énergie pour produire **l'ATP, carburant employé par nos muscles pour faire face aux activités quotidiennes, qu'elles concernent le travail ou les moments de détente**. Chacune d'elle provient de réactions chimiques complexes qui se réalisent dans des conditions particulières et en faisant appel à des composés et à des molécules de nature diverse. C'est pour cette raison que l'on parle de « systèmes » énergétiques, notion qui permet de résumer en un seul terme chaque processus.

L'ATP

L'énergie nécessaire à la contraction des muscles est liée à une molécule appelée ATP, qui est constituée de trois radicaux phosphates réunis (adénosine triphosphate, PO_3-PO_3-PO_3-). À chaque fois que la molécule perd un radical phosphate, 7 300 calories d'énergie se libèrent : elles peuvent servir à apporter de l'énergie aux processus contractiles des muscles. La destitution du premier phosphate transforme l'ATP en ADP (adénosine diphosphate, PO_3-PO_3-), tandis que la destitution du deuxième phosphate transforme l'ADP en AMP (adénosine monophosphate, PO_3-). **La quantité d'ATP présente dans les muscles d'un athlète bien entraîné ne permet de soutenir qu'une puissance musculaire très intense de 3 secondes**.

Ainsi, pour prolonger dans le temps un effort physique, le corps doit produire de l'ATP de façon continue.

Le système phosphagène (ATP + créatine phosphate)

Comme nous l'avons vu, la quantité d'ATP présente dans les muscles est vraiment basse et elle ne peut pas être produite aussi rapidement que l'exigerait l'accomplissement de certains efforts. Heureusement, l'ATP ne représente pas la seule ressource chimique dont nous disposons pour produire de l'énergie. En effet, il existe également la **créatine phosphate**, une substance formée de créatine et d'un radical phosphate. La créatine phosphate peut se décomposer en deux composés : la créatine et les ions phosphates. Pendant cette décomposition, elle relâche plus d'énergie que l'ATP puisqu'elle libère au moins 10 300 calories en quelques fractions de secondes. **La combinaison de l'ATP et de la créatine phosphate donne lieu à un système appelé phosphagène capable de fournir l'énergie nécessaire au muscle pour qu'il exprime sa puissance maximale pendant un laps de temps qui varie de 8 à 10 secondes**. Ce type d'énergie, tiré du système phosphagène (créatine phosphate + ATP), est celui qui est utilisé pour effectuer des performances élevées sur une courte durée.

Le système anaérobie (glycogène + acide lactique)

Le glycogène est une substance chimique emmagasinée dans les muscles qui peut être transformée en glucose par un processus appelé glycolyse qui se déroule sans oxygène. C'est pour cette raison que ce processus est appelé « métabolisme anaérobie ». **Chaque molécule de glucose peut se scinder en deux molécules d'acide pyruvique, processus qui libère l'énergie nécessaire pour former quatre molécules d'ATP.** L'acide pyruvique entre à son tour dans les mitochondries des cellules musculaires et réagit avec l'oxygène en formant d'autres molécules d'ATP. Si toutefois il n'y a pas assez d'oxygène dans les muscles, une grande partie de l'acide pyruvique se transforme en acide lactique pour permettre ce second passage. Cet acide lactique sort des cellules musculaires pour aller dans les liquides interstitiels et dans le sang. Ainsi, le système anaérobie peut être utilisé pour fournir de l'énergie aux muscles quand de grandes quantités d'ATP sont nécessaires sur une durée très courte. **Dans des conditions optimales, ce système peut fournir l'énergie nécessaire pour exprimer une activité musculaire maximale pendant une durée minimale de 1 minute et une durée maximale de 1 minute et 10 secondes,** s'ajoutant ainsi aux durées consenties par les systèmes décrits précédemment.

Le système aérobie

Il s'agit de l'oxydation des réserves de nourriture présentes dans les mitochondries musculaires afin de produire de l'énergie. La nourriture assimilée pendant les repas est, après un certain nombre de transformations, à l'origine du glucose, des acides gras et des acides aminés. Ces derniers peuvent à leur tour, après d'autres processus intermédiaires, se combiner avec l'oxygène pour produire de grandes quantités d'énergie utilisées pour former l'ATP.

Pour récapituler
« L'essence » qui donne du mouvement aux muscles s'appelle ATP. Elle est produite par notre corps de trois façons et par des moyens différents, comme on peut le constater en comparant les systèmes.

Système	Production d'ATP (molécules/minute)
phosphagène	4
anaérobie	2,5
aérobie	1

Ces trois systèmes peuvent aussi être comparés en fonction de leur faculté à produire de l'énergie dans le temps (résistance).

Système	Temps (minutes et secondes)
phosphagène	8"/10"
anaérobie	1'03"/1'06"
aérobie	illimité (jusqu'à l'épuisement des principes nutritifs)

On peut déduire de ces tableaux que **le premier système** (phosphagène) **est celui qui est utilisé par les muscles pour effectuer un travail de très forte** puissance pendant un temps très bref, tandis que **le système aérobie est employé pour les efforts, athlétiques ou non, qui se prolongent dans le temps. Le système anaérobie est,** en revanche, **utilisé dans les situations qui durent trop longtemps pour être affrontées uniquement avec le carburant produit par le système phosphagène, mais qui nécessitent une performance supérieure à celle que l'on obtient avec le système aérobie. Une illustration de ces différences nous est fournie par les distances de 200, 400 et 800 mètres.** Dans les courses d'endurance, toute l'ATP qui est nécessaire à l'athlète pour atteindre la ligne d'arrivée est produite par le système aérobie, tandis que le sprint final fait intervenir le système anaérobie. Il faut signaler que si le glycogène contenu dans les muscles descend sous un seuil minimal, cela déclenche la « crise du coureur », que l'on peut toutefois éviter en ayant recours, comme nous l'avons vu précédemment, à un régime riche en hydrates de carbone.

Par curiosité, nous avons indiqué la source primaire d'énergie à laquelle un athlète a recours en fonction de la discipline sportive qu'il pratique.

1. Système phosphagène : 100 mètres, saut, haltérophilie, plongeon, football.

2. Système phosphagène + système anaérobie : 200 mètres, basket, baseball, hockey sur glace.

3. Système anaérobie : 400 mètres, natation sur 100 mètres, tennis.

4. Système anaérobie + système aérobie : 800, 1 500, 1 800 mètres, natation sur 200 et 400 mètres, patinage sur 1 500 mètres, boxe, canoë.

5. Système aérobie : marathon, ski de fond, patinage sur 10 000 mètres.

L'appareil respiratoire

Les poumons

La respiration a comme fonction de permettre le passage de l'oxygène de l'air atmosphérique vers le sang et d'éliminer l'anhydride carbonique (CO_2) qui se forme dans les tissus à la suite des processus d'oxydation du métabolisme. Les poumons sont le siège de la respiration externe et les échanges gazeux ont lieu dans les conduits et les alvéoles pulmonaires. **Les surfaces d'échange des poumons, une fois étalées, représentent une superficie d'environ 55 mètres carrés**, c'est-à-dire l'équivalent d'une grande pièce. Cette immense surface respiratoire est irriguée extérieurement par le sang au moyen d'un réseau capillaire très fin. Les capillaires sont situés dans la paroi des alvéoles dont l'épaisseur ne dépasse pas quatre microns (quatre millièmes de millimètre).

Comme l'air extérieur ne se diffuserait pas spontanément, ou alors avec beaucoup de lenteur, dans les cavités internes des poumons, il existe des mécanismes musculaires qui ont comme fonction de provoquer indirectement l'expansion rythmique de ces cavités. L'air atteint normalement les poumons par les cavités nasales (narines), se réchauffe, s'humidifie, dépose ses impuretés les plus grossières sur les poils fins qui tapissent les parois du nez et sur le mucus qui recouvre les fosses nasales. Il passe ensuite à travers le pharynx, le larynx, la trachée, les bronches principales, les bronchioles avant d'arriver dans les conduits alvéolaires et dans les alvéoles. La partie du poumon qui remplit réellement une fonction respiratoire est représentée par les bronchioles respiratoires, les conduits alvéolaires, les sacs alvéolaires et les alvéoles pulmonaires. Ces structures forment un lobule pulmonaire ou primaire. **Le diamètre de chaque alvéole, qui possède une forme plus ou moins hémisphérique, est de 0,100 millimètre ; le nombre total d'alvéoles est de 750 millions**. La ventilation du poumon s'accomplit grâce à une dilatation et à un rétrécissement de la cavité thoracique effectués en alternance. Les parois élastiques des poumons suivent passivement le mouvement de relâchement de la cage thoracique qui est effectué par les muscles respiratoires et par un autre muscle, le diaphragme. Les deux phases rythmiques sont appelées inspiration et expiration.

La cage thoracique est comme une boîte entièrement fermée dont le diamètre évolue continuellement. Elle augmente de volume lors de l'inspiration et revient à sa dimension initiale pendant l'expiration. L'augmentation de l'amplitude de la cage thoracique est déterminée par le soulèvement des côtes et par l'aplatissement du diaphragme, un muscle qui, en position de repos, forme deux sortes de coupoles qui s'étendent à droite et à gauche vers la cavité du thorax. Les côtes sont quant à elles soulevées par les muscles intercostaux. Il existe deux types de respiration différents selon le sexe. **Chez l'homme, la respiration est**

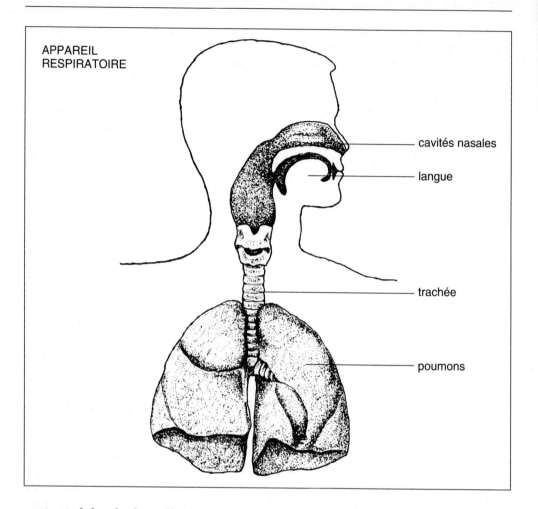

APPAREIL
RESPIRATOIRE

cavités nasales

langue

trachée

poumons

surtout abdominale et diaphragmatique tandis qu'elle est plutôt costale chez la femme. Il s'agit peut-être d'une adaptation de l'organisme féminin aux conditions de grossesse. Quand, pour différentes raisons, la respiration est forcée, les muscles auxiliaires interviennent (pectoraux, trapèze, etc.). L'inspiration est active, mais l'expiration est surtout passive et elle est due aux forces élastiques du corps qui permettent à celui-ci de retrouver sa condition de départ au repos.

La **quantité d'air ventilée par un poumon** au cours d'un acte respiratoire paisible s'appelle volume courant et **est en moyenne de 500 millilitres**. Le volume d'air supplémentaire qui peut être introduit par une inspiration forcée est de 1 500/2 000 millilitres et s'appelle volume de réserve inspiratoire. **Lors d'une expiration forcée, entre 1 000 et 1 500 millilitres d'air peut être expulsé**. Le volume total d'air qui est capté puis expulsé par une inspiration et une expiration forcées équivaut à : volume courant + volume de réserve inspiratoire + volume de réserve expiratoire = capacité vitale (environ 3 500 millilitres). Même en expirant très énergiquement, on ne peut pas parvenir à expulser tout l'air des poumons : il en reste toujours une certaine quantité (1 000/1 500 millilitres), appelée air résiduel.

La fréquence de la respiration varie chez un adulte de 15 à 20 respirations à la minute. Elle peut être modifiée par de nombreuses conditions physiologiques et pathologiques : activité musculaire, hausse de la température intérieure ou extérieure, états émotionnels, etc. **Dans des conditions optimales, au repos, 6 à 8 litres d'air sont ventilés à la minute**. On atteint 130 litres en cas de travail très fatigant. L'air que nous respirons et que nous expirons a une composition extraordinairement uniforme sur tous les points de la terre et jusqu'à 11 000 mètres d'altitude (troposphère).

	Azote	Oxygène	Anhydride carbonique
Air inspiré	79,0 %	20,96 %	0,04 %
Air expiré	79,4 %	16,30 %	4,10 %

L'azote étant un gaz entièrement inerte, il n'y a que l'oxygène et l'anhydride carbonique qui intéressent la fonction respiratoire. Il faut toutefois souligner que d'un point de vue biologique, les propriétés d'un gaz ne dépendent pas tellement de sa concentration exprimée en pourcentage, mais plutôt de la pression partielle qu'il exerce.

Les troubles de la respiration que l'on enregistre souvent pendant les excursions en altitude ou les courses d'endurance sur les hauts plateaux sont dus à la pression partielle de l'oxygène qui diminue avec l'altitude tandis que, comme nous l'avons dit, sa concentration est la même que celle que l'on observe au niveau de la mer.

Quand on respire dans une atmosphère qui présente un faible pourcentage d'oxygène, cela provoque des pathologies comme l'anoxémie (baisse d'oxygénation du sang) et l'anoxie (manque d'oxygène à la disposition des tissus). Ces phénomènes peuvent, par l'intermédiaire du système nerveux, provoquer une perte de connaissance généralement précédée de symptômes variables comme la névralgie, l'apathie, la dépression généralisée, une très grande fatigue, un manque d'appétit, la nausée, le vomissement, une augmentation des pulsations, des dilatations cardiaques et des cyanoses.

La pression partielle d'oxygène dans la zone alvéolaire est de 100 mm de mercure au niveau de la mer. Dans le sang veineux, riche en anhydride carbonique produit par le métabolisme et qui retourne aux poumons pour être éliminé, cette pression est de 40 mm de mercure.

La différence de plus de 60 mm qui existe de chaque côté de la paroi de l'alvéole permet à l'oxygène de se diffuser rapidement dans le sang. Quand la pression partielle de l'oxygène atteint 100 mm de mercure, c'est que le sang est devenu artériel : il laisse le poumon presque saturé d'oxygène (95 %) et quand il arrive aux tissus, où la pression d'oxygène est inférieure à 40 mm de mercure, il cède rapidement une grande quantité de gaz. Le sang, en s'appauvrissant en oxygène et en s'enrichissant en anhydride carbonique produit par le métabolisme des tissus, redevient veineux et retourne aux poumons avant de recommencer son cycle.

Pour résumer, on peut dire que l'échange de gaz survient pour des raisons purement physiques et qu'il dépend des différences de pressions partielles et respectives de l'oxygène et de l'anhydride carbonique observables dans le sang veineux et dans la zone alvéolaire.

La régulation des mouvements respiratoires

La ventilation a comme fonction de maintenir constante la composition de l'air présent dans la zone alvéolaire. Ainsi, à chaque fois que se produit une augmentation d'anhydride carbonique, la ventilation s'accélère pour évacuer ce gaz et rétablir l'équilibre. Pendant la respiration, au moment où commence l'inspiration, le diaphragme et les muscles intercostaux se contractent simultanément, les narines se dilatent, les cordes vocales s'écartent et les muscles expiratoires comme les autres muscles de l'appareil bronchique se relâchent. La coordination de tous ces phénomènes, qui s'inversent d'une façon rythmée pendant la phase successive de l'expiration, survient grâce au système nerveux et en particulier au centre respiratoire situé dans une zone du cerveau qui s'appelle formation réticulée. Les impulsions en provenance de ce centre sont transmises aux nerfs moteurs qui sont répartis sur les muscles respiratoires. Le centre respiratoire est bilatéral, ses deux moitiés sont reliées entre elles et chacune d'elle contrôle le muscle correspondant à son côté.

Ce centre possède un rythme automatique et il est stimulé par des impulsions provenant des zones pulmonaires ou extra-pulmonaires et par d'autres impulsions qui viennent de la composition chimique du sang. Une baisse de la pression d'oxygène entraîne un violent essoufflement, mécanisme de compensation de l'organisme qui déclenche alors plus de mouvements respiratoires que la normale pour ramener cette pression à des niveaux constants. De même, une augmentation de la pression de CO_2, que l'on peut rencontrer lors d'efforts musculaires prolongés, envoie des impulsions aux centres du cerveau pour doubler ou tripler la quantité d'air ventilée. L'anhydride carbonique a donc un effet stimulant qui se révèle surtout pendant l'exercice musculaire, quand il est produit en grande quantité. L'ajustement de la ventilation pulmonaire est si précis lors du passage d'une condition de travail à une condition de repos que le pourcentage d'anhydride carbonique dans la zone alvéolaire varie très peu.

La consommation d'oxygène

La consommation maximale d'oxygène désigne la quantité totale d'oxygène absorbée par le corps en une minute divisée par le poids corporel exprimé en kilogrammes. Comme l'oxygène est consommé pour produire de l'énergie, plus sa consommation est grande, plus les performances d'un athlète devraient être bonnes. Il faut donc qu'un coureur consomme beaucoup d'oxygène même si tous les athlètes qui le font n'atteignent pas les mêmes performances. Cette différence est due principalement au style de course, à l'état des articulations, des ligaments, des muscles, mais aussi à l'équilibre hydrique, à la réserve d'énergie (glycogène), à des facteurs psychiques, etc. Il faut signaler que, chez les coureurs, la consommation d'oxygène augmente avec la vitesse jusqu'à une certaine limite physiologique qui est propre à chaque athlète. Quand on atteint cette limite, on arrive à la consommation maximale d'oxygène que l'athlète en question peut produire. À titre d'information, on peut signaler que la consommation normale d'oxygène chez un jeune sujet au repos est de 250 ml/min au repos. Cette valeur augmente sous l'effort et atteint 3 600 ml/min chez un homme non entraîné, 4 000 ml/min chez un homme entraîné et 5 100 ml/min chez un marathonien.

Les limites de la ventilation pulmonaire

Jusqu'à quel degré de stress pouvons-nous amener notre système respiratoire pendant un exercice physique ? Dans des conditions normales, la ventilation pulmonaire est de 20 litres à la minute et peut atteindre un maximum de 100 à 110 litres à la minute. La capacité maximale de respiration est, en revanche, comprise entre 150 et 170 litres à la minute et est donc supérieure de 50 % à la ventilation pulmonaire maximale nécessaire pendant un exercice. Cette augmentation permet de ventiler correctement les poumons. L'appareil respiratoire ne limite donc pas le transport d'oxygène vers les muscles en cas de stress, mais la capacité qu'a le cœur de pomper du sang dans les muscles est, en revanche, beaucoup plus restreinte. En raison de la grande consommation d'oxygène des muscles en exercice, on pourrait s'attendre à ce que la pression d'oxygène dans le sang artériel (100 mm de mercure) diminue quand la pression de l'anhydride carbonique (40 mm) augmente. Pourtant, ces deux valeurs restent stables, ce qui démontre encore une fois l'extrême « ingéniosité » avec laquelle l'appareil respiratoire assure une oxygénation adéquate du sang, y compris pendant des exercices fatigants.

Le débit d'oxygène

Nous avons mis précédemment en évidence l'importance de l'oxygène dans la production d'énergie aérobie. Au cours des premiers stades d'une intense activité sportive, il arrive qu'une partie de l'énergie aérobie s'épuise. Cela peut être dû à deux facteurs, dont l'un correspond à ce que l'on appelle le débit d'oxygène. Notre corps emmagasine normalement 2 litres d'oxygène, une quantité de gaz qui peut être utilisée pour le métabolisme aérobie de façon directe sans que l'athlète n'en inhale d'autre. Cette quantité d'oxygène est ainsi emmagasinée : 0,5 litre est présent dans la zone des poumons ; 0,25 litre est dissous dans les liquides corporels ; 1 litre est en circulation dans le sang mélangé avec l'hémoglobine et 0,3 litre environ reste dans les fibres musculaires combiné avec la myoglobine (un composé semblable à l'hémoglobine).

Une activité sportive intense consomme pratiquement tout l'oxygène emmagasiné en une minute environ. Quand cela se produit, les poumons sont chargés de remplacer ce volume d'oxygène en respirant une quantité d'air supérieure à celle qui est normalement nécessaire, c'est-à-dire en moyenne 9 litres. La quantité d'oxygène nécessaire pour reconstituer les réserves présentes normalement dans le corps et pour faire face aux autres transformations énergétiques provoquées par un exercice s'appelle « débit » : au cours des toutes premières minutes qui suivent l'action, les poumons respirent 3,5 litres d'oxygène environ et font ainsi face à ce que l'on appelle le « débit alactique ». De 8 à 10 minutes à presque une heure après la fin de l'exercice, il faut 8 litres d'oxygène (débit alactique) pour reconstituer les réserves.

Les effets du tabac

Il est largement prouvé que **la cigarette diminue la performance athlétique**. En effet, la nicotine a un effet astringent sur les bronchioles terminales des poumons, ce qui provoque une plus forte résistance au passage de l'air ventilé. Les effets irritants de la cigarette peuvent aussi former des sécrétions fluides dans l'arbre bronchique et un gonflement des cellules de l'épithélium. Il ne faut pas non plus oublier que la nicotine a un effet paralysant sur les cils vibratiles qui chassent normalement les fluides et les particules étrangers. C'est ainsi que de nombreux déchets qui s'accumulent dans l'arbre respiratoire finissent par augmenter encore davantage les altérations de la ventilation. Même un fumeur modéré ressent les obstacles qui gênent sa respiration pendant qu'il produit de grands efforts et son niveau de performance s'en trouve réduit.

Les conséquences chez les « gros » fumeurs sont beaucoup plus graves puisque peu d'entre eux peuvent se vanter de ne pas connaître l'emphysème. Cette maladie entraîne un état de bronchite chronique avec une obstruction de nombreuses bronchioles terminales et une destruction de nombreuses alvéoles. Dans les cas les plus graves d'emphysème, les quatre cinquièmes de la membrane respiratoire peuvent être détruits : même les exercices les plus légers peuvent provoquer un essoufflement.

La circulation sanguine

Le sang

Chez les animaux vertébrés, le sang circule dans un système fermé de vaisseaux (artères, capillaires et veines) grâce à l'activité contractile et rythmique du cœur. Les capillaires sont en rapport étroit avec tous les tissus de l'organisme et ce sont eux qui sont chargés de réguler les échanges entre le sang et les tissus, échanges grandement facilités par le petit diamètre de ces capillaires. Le sang transporte l'oxygène et les substances nutritives vers les tissus et il reçoit à son tour de l'anhydride carbonique et le produit de l'échange cellulaire (métabolisme azoté) qui sont destinés à être éliminés par les poumons, les reins et la peau. Le sang transporte en outre les hormones, les anticorps, l'eau et les sels minéraux et il permet de maintenir la température corporelle constante : dans certains organes, il sert de fluide réchauffant, chez d'autres de liquide de refroidissement.

Cette contribution importante du sang à la vie est due en grande partie aux caractéristiques physico-chimiques de son constituant principal, l'eau, un liquide qui possède une forte chaleur spécifique, une conductibilité thermique élevée et une chaleur latente d'évaporation élevée. La couleur rouge foncé du sang est due à un pigment appelé hémoglobine : le sang est rouge écarlate s'il provient d'une artère, rouge bleuâtre s'il vient d'une veine. Cette différence de coloration souligne le rapport qui existe entre le degré d'oxygénation de l'hémoglobine et le vaisseau dans lequel se trouve le sang. Le sang n'est pas homogène : il contient en effet différents types de cellules libres en suspens dans un liquide jaune pâle appelé plasma sanguin. Les cellules les plus nombreuses sont les globules rouges, appelées aussi hématies ou érythrocytes, et les globules blancs, ou leucocytes. Les éléments cellulaires constituent de 35 à 45 % de l'ensemble de la masse sanguine : les globules rouges sont des cellules sans noyau, en forme de disque biconcave, dont la surface est à peu près 20 % supérieure à celle de la forme sphérique. Le diamètre moyen d'un globule rouge est de 7,2 microns environ (millièmes de millimètre) et leur nombre, au niveau de la mer, varie normalement de 4,5 à 5,5 millions par millimètre cube. Les leucocytes ou globules blancs (6 000/8 000 par millimètre cube) se distinguent en cinq groupes selon leur forme et les réactifs utilisés en laboratoire pour leur coloration :

– granulocytes neutrophiles : 70 % (granulaires à noyau multilobé, de 9 à 12 microns) ;

– granulocytes éosinophiles : 1,5 % ;

– granulocytes basophiles : 0,5 % ;

– lymphocytes : 23 % (cellules aux noyaux rond non granulaires, 6 microns) ;

– monocytes : 5 % (mononucléaires, 10-25 microns).

Les granulocytes et les grands mononucléaires sont pourvues de propriétés amiboïdes. Cela signifie qu'ils peuvent se déplacer comme des amibes avec des pseudopodes (sortes de pieds) qui leur servent également à capter des corpuscules, des éléments étrangers ou des bactéries. C'est à cause de cette fonction qu'on les appelle aussi phagocytes. Cette faculté migratrice est provoquée par des stimulations chimiques qui ont comme origine la destruction des cellules ou la présence de bactéries. Les granulocytes et les grands mononucléaires allongent leur pseudopode vers le foyer de la substance stimulante. En traversant les parois des capillaires, ils parviennent à se rendre et à se rassembler là où la stimulation se produit. Ces phénomènes fondamentaux surviennent pendant une inflammation.

En dehors des globules rouges et des globules blancs, on trouve également des plaquettes dans le sang : ce sont des formations en forme de sphère ou de disque, au nombre de 200 000 à 400 000 par millimètre cube, qui interviennent dans les processus de coagulation. Les plaquettes se regroupent et libèrent des filaments de fibrine, substance qui constitue le véritable caillot.

Revenons aux globules rouges pour constater que leur constituant fondamental est l'hémoglobine (Hb), substance qui représente de 14 à 15 % du sang chez un adulte. La quantité totale d'hémoglobine chez un homme moyen est de 1 kilo environ (14 g par kilogramme de poids corporel). La caractéristique la plus importante de l'hémoglobine est d'être le vecteur de l'oxygène entre les poumons et les tissus. L'union entre l'hémoglobine et l'oxygène (O_2) s'appelle oxyhémoglobine et cette réaction est réversible. L'hémoglobine transporte également le dioxyde de carbone qui se forme au cours des processus métaboliques des tissus. Quand l'oxyhémoglobine cède de l'oxygène aux tissus, elle se transforme en carbohémoglobine.

Récapitulons ce processus : le sang artériel qui contient de l'anhydride carbonique à une pression équivalente à 40 mm de mercure se trouve exposé à une pression de CO_2 plus élevée quand il traverse les capillaires sanguins des tissus. Ainsi, la pression de l'anhydride carbonique augmente dans le plasma et le CO_2 se diffuse dans les globules rouges. Dans le même temps, l'oxygène se libère de l'hémoglobine en raison de la faible pression qui règne dans les tissus (40 mm par rapport à 100 mm dans le sang artériel), transformant ainsi l'hémoglobine en carbohémoglobine. Le sang est alors devenu veineux, la pression d'anhydride carbonique est de 46 mm et celle de l'oxygène est redescendue à 40 mm de mercure. Quand le sang parvient aux poumons, le processus s'inverse : la pression d'anhydride carbonique est plus élevée dans le sang que dans la zone alvéolaire et donc le CO_2 se diffuse du plasma vers les alvéoles. Tout cela se déroule pendant que l'oxygène, en passant pas la zone alvéolaire (pression de 100 mm), se diffuse dans le plasma et s'associe à nouveau avec l'hémoglobine.

L'appareil cardio-vasculaire

Le sang circule dans un système de canaux, les vaisseaux sanguins, qui présentent un diamètre et des structures différentes dans les tissus ; le sang passe aussi à travers un réseau de vaisseaux encore plus petits, les capillaires. Le mouvement du sang dans les vaisseaux est déterminé par le cœur, muscle creux situé dans le thorax : le sang en sort par des vaisseaux aux parois relativement

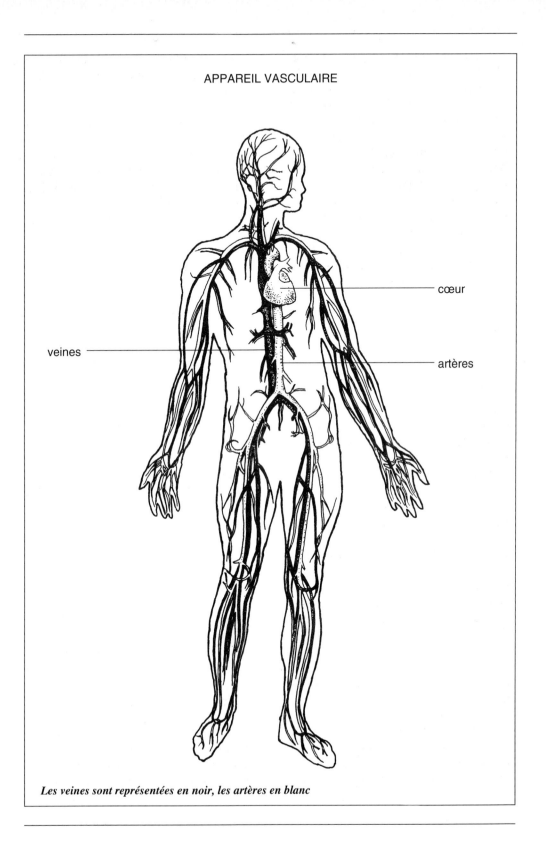

APPAREIL VASCULAIRE

cœur

veines

artères

Les veines sont représentées en noir, les artères en blanc

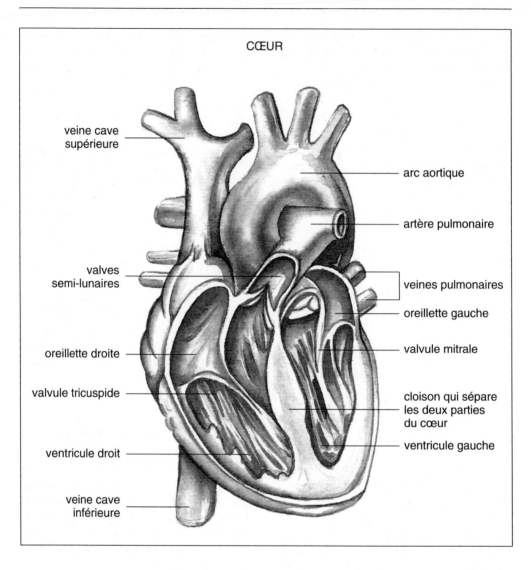

CŒUR

veine cave
supérieure

arc aortique

artère pulmonaire

valves
semi-lunaires

veines pulmonaires

oreillette gauche

oreillette droite

valvule mitrale

valvule tricuspide

cloison qui sépare
les deux parties
du cœur

ventricule droit

ventricule gauche

veine cave
inférieure

plus fines, les veines. Chez les mammifères, le cœur est entièrement divisé en deux parties, droite et gauche, qui ne communiquent pas entre elles. Chacune des ces parties comprend une oreillette et un ventricule et les deux oreillettes et les deux ventricules s'opposent de façon synchrone, en expulsant en même temps la même quantité de sang.

L'oreillette droite reçoit le sang veineux en provenance des veines caves de tous les tissus du corps. Grâce à l'artère pulmonaire, le sang est repoussé dans le ventricule droit, puis dans les poumons (alvéoles) ; le sang, qui circule dans un réseau capillaire très étendu, s'oxygène alors en perdant de l'anhydride carbonique et passe de l'état veineux à l'état artériel. Le retour vers le cœur s'effectue par les veines pulmonaires qui débouchent sur l'oreillette gauche. Le sang quitte cette cavité et passe dans le ventricule gauche où il est repoussé dans l'artère aortique. Grâce à ce vaisseau et à ses ramifications majeures et mineures, le sang est distribué à tous les tissus de l'organisme. Le trajet du sang du ventricule gauche vers l'oreillette droite est appelé *grande circulation*.

Le parcours entre le ventricule droit et l'oreillette gauche s'appelle *petite circulation* ou circulation pulmonaire. Les fibres du muscle cardiaque comme celles des muscles volontaires possèdent une structure transversale et une structure longitudinale. La faculté de se contracter de façon rythmée est inhérente à la structure de la cellule cardiaque. Ce rythme, qui est automatique, est à l'origine d'une formation particulière qui s'appelle le nœud sino-auriculaire, responsable du déclenchement et de la propagation du battement cardiaque. Ces structures sont constituées d'éléments musculaires structurellement différents de ceux du myocarde : elles contiennent beaucoup de glycogène et leurs fibres striées sont associées pour former un réseau. La stimulation passe du nœud sino-auriculaire (ou nœud sinusal de Keith et Flack) au nœud auriculo-ventriculaire, au faisceau sino-ventriculaire et à ses deux faisceaux, avant de se propager dans les ventricules droit et gauche.

Le battement cardiaque prend son origine dans le sinus auriculaire et c'est pour cette raison que ce dernier est appelé le « pacemaker du cœur ». Le muscle cardiaque est une structure excitable. Des hausses de température, des stimulations chimiques, mécaniques, électriques, de la nourriture ou de la fatigue accélèrent son rythme. La courbe de contraction de chaque segment du cœur dure environ trois dixièmes de seconde. Durant ce laps de temps, on distingue une période de latence, une période de contraction (appelée systole) et une période de décontraction (appelée diastole). Pendant toute la période de contraction, le muscle cardiaque est inexcitable (période réfractaire absolue). La contraction qui se produit pendant cette période est désignée sous le terme d'extrasystole. La longue période réfractaire sert à préserver la régularité du rythme qui est assurée par le nœud sino-auriculaire. Chez l'homme, la fréquence du battement oscille entre 60 et 70 pulsations à la minute.

La direction prise par le sang quand il circule à travers le cœur est déterminée par les valves disposées devant les ouvertures auriculo-ventriculaires, celles de l'aorte et de l'artère pulmonaire (valves semi-lunaires). Les valvules auriculo-ventriculaires, mitrale et tricuspide constituent chacune un système valvulaire tubulaire divisé respectivement en deux pointes à gauche (mitrale) et en trois pointes à droite (tricuspide). Elles sont maintenues à leur place par des cordages tendineux qui s'insèrent dans les muscles de la paroi cardiaque.

Le cycle et la révolution cardiaque

La révolution commence par la contraction presque simultanée des deux oreillettes (systole). Juste après la systole de l'oreillette, que l'on appelle également période présystolique, les ventricules se contractent et le sang est repoussé dans les grandes artères.

La contraction des ventricules, que l'on appelle aussi période systolique, est suivie d'une phase de repos de l'ensemble du cœur, que l'on appelle diastole. La totalité du cycle cardiaque s'accomplit en huit dixièmes de secondes. Pendant la période diastolique, les valves semi-lunaires et aortiques sont fermées.

Pendant ce temps-là, un écoulement continu de sang a lieu des grandes veines vers les oreillettes et de celles-ci vers les ventricules. La contraction des oreillettes, qui provoque la poussée du sang dans les ventricules encore relâchés, achève le remplissage de ceux-ci tandis que les turbulences centripètes s'accentuent, préparant ainsi la fermeture des valvules auriculo-ventriculaires. La systole ventriculaire survient très rapidement. Dès que la pression augmente dans les ventricules, les valvules se referment complètement. Quand la pression augmente encore, les valves semi-lunaires s'ouvrent et le sang passe dans l'aorte. Si l'on pose son oreille sur la région cardiaque, on peut entendre deux bruits différents pendant chaque cycle de battements : le premier est plutôt étouffé et long ; le second est plus sonore et moins long. Le premier est dû à la contraction musculaire ainsi qu'à la fermeture et à la vibration des valves auriculo-ventriculaires ; le second coïncide avec la fermeture des valves semi-lunaires. Si le fonctionnement des valves est affecté par une pathologie, on entend des bruits appelés « murmures ».

La tension artérielle

Le sang circule dans les vaisseaux à une certaine pression et de façon permanente, sous l'action de différents facteurs :
– énergie de contraction du cœur ;
– quantité de sang dans le système artériel ;
– résistances périphériques.
Ce dernier élément est la conséquence d'autres facteurs dont les plus importants sont la viscosité du sang et l'élasticité des parois vasculaires. Les variations du pouls cardiaque nous fournissent les valeurs de la pression systolique (ou maxima) et de la pression diastolique (ou minima). La première correspond au point culminant de la contraction, la seconde à la phase de repos. Les valeurs qui sont habituellement mesurées chez l'homme sur l'artère humérale grâce à un instrument appelé

tensiomètre sont les suivantes : chez l'adulte, la pression sanguine maximale varie autour de 130 mm de mercure avec des écarts maximaux de l'ordre de 15 mm de mercure.
Il faut signaler que la pression systolique varie en fonction des conditions physiologiques : elle subit, par exemple, l'influence de l'exercice musculaire, de l'alimentation, du sommeil, de la position du corps, etc. La pression diastolique, qui est l'indice de la résistance périphérique, est, en revanche, moins sujette à des variations temporaires qui dépendent principalement de l'élasticité des artères. Normalement, elle est de 80 mm de mercure, c'est-à-dire de 40 à 50 mm inférieure à la pression systolique. On appelle hypertension l'augmentation de la pression sanguine due à une pathogenèse multiple.

La circulation sanguine pendant l'exercice physique

La fonction de l'appareil cardio-vasculaire est d'apporter de l'oxygène et d'autres principes nutritifs aux muscles. C'est pour cette raison que la circulation sanguine augmente nettement pendant l'exercice physique, même si localement, c'est-à-dire sur le muscle, le processus contractile ralentit ce flux : en effet, la propre contractilité du muscle finit par comprimer les vaisseaux intramusculaires. Ainsi, de fortes contractions toniques provoquent une fatigue musculaire rapide, par manque d'apport d'oxygène et de principes nutritifs. Toutefois, grâce à l'exercice physique, le flux sanguin vers les muscles peut augmenter de façon très marquée. Par exemple, chez un athlète bien entraîné, le flux est de 3,6 ml environ pour 100 g de muscle à la minute, mais pendant des efforts très violents, il peut atteindre un maximum de 90 ml. Cette augmentation est due à une dilatation des vaisseaux provoquée par les effets directs de l'accroissement du métabolisme du muscle ou bien à d'autres facteurs multiples, parmi lesquels le plus important est l'augmentation modérée de la tension artérielle, de l'ordre de 30 %, que l'on observe pendant les exercices. En raison de l'augmentation de la pression, qui est physiologique et ne doit pas être confondue avec l'hypertension pathologique, il y a plus de sang qui passe à travers les vaisseaux, mais qui agit également sur les parois des petites artères, réduisant ainsi la résistance vasculaire. En outre, le travail musculaire augmente le besoin en oxygène et sa consommation, ce qui contribue à son tour à dilater les artères et à favoriser le retour veineux. Cette situation est très développée chez les marathoniens.

D'après ce que nous venons de voir, on s'aperçoit que les marathoniens peuvent avoir un rendement cardiaque maximal de 40 % supérieur à celui d'un individu qui n'est pas entraîné. Il faut y ajouter la baisse de leur fréquence cardiaque au repos correspondante, liée au fait que les cavités cardiaques d'un marathonien augmentent de volume et d'épaisseur de 40 à 50 % après un entraînement. Il n'y a donc pas que les muscles squelettiques qui subissent un processus d'hypertrophie, mais aussi le cœur : ce phénomène s'observe naturellement surtout dans les sports d'endurance.

Le diagramme ci-dessous montre les variations du volume systolique et de la fréquence cardiaque quand le marathonien passe d'un état de repos, avec environ 5,5 litres de sang pompés à la minute par le cœur, à un effort maximal, avec 30 litres pompés à la minute. Le volume

	Volume systolique (ml)	Fréquence (battements/min)
non-athlète au repos	75	75
marathonien au repos	105	50
effort maximal du non-athlète	110	195
effort maximal du marathonien	162	185

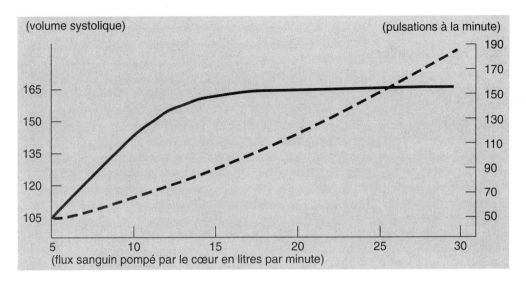

systolique passe de 105 à 162 millilitres, soit une augmentation de 50 %, mais la fréquence cardiaque passe en revanche de 50 à 185 battements à la minute, c'est-à-dire augmente de 270 %. Au lieu d'augmenter le volume systolique, le cœur accroît sa propre fréquence cardiaque, diminuant ainsi son rendement.

Pendant les efforts très importants, la fréquence cardiaque comme le volume systolique atteignent 95 % environ de leur niveau maximal. Comme le rendement cardiaque est équivalent aux volumes systoliques qui suivent, il se situe aux environs de 90 % de ce qu'un individu est capable d'atteindre. Cependant, alors que le cœur se trouve dans cette impasse, le poumon se maintient à 65 % de ses possibilités.

On peut en déduire que l'appareil cardio-vasculaire est beaucoup moins efficace pour distribuer l'oxygène que l'appareil respiratoire et la fréquence avec laquelle l'appareil cardio-vasculaire peut transporter l'oxygène ne pourra jamais satisfaire pleinement la demande en oxygène des tissus pendant un effort maximal. On peut donc affirmer que **la performance d'un marathonien dépend principalement des conditions de son cœur** ; à cause de cette limite, on comprend facilement que les maladies cardiaques qui réduisent son rendement entraînent une diminution de sa puissance musculaire maximale. La puissance musculaire et le rendement cardiaque commencent cependant à décroître à partir de 20 ans et ils atteignent 50 % environ de leur valeur à l'âge de 80 ans, en liaison avec une baisse progressive de la capacité pulmonaire et de la masse musculaire.

Les drogues

Les androgènes, les stéroïdes, les amphétamines et la cocaïne appartiennent au monde du dopage et de la drogue et comme leur utilisation est justement interdite par la loi, il n'y aurait *a priori* aucune raison d'en parler dans un ouvrage qui s'adresse aux amateurs. Toutefois, un minimum de connaissances sur ce problème est nécessaire, surtout si l'amateur en question est un jeune qui peut être amené à côtoyer le monde de la compétition et à exercer une activité qui n'est pas toujours concernée par la lutte antidopage. Ainsi dans certains clubs, il existe encore malheureusement des préparateurs physiques sans scrupules qui, pour améliorer les performances d'un jeune prometteur, n'hésitent pas à le « charger » de substances interdites, en lui faisant croire par exemple qu'il s'agit de vitamines.

Les androgènes et les stéroïdes

Les androgènes et les stéroïdes en général sont des substances qui augmentent sans aucun doute la force musculaire et la performance athlétique, mais qui **augmentent aussi les risques de maladies cardio-vasculaires**, donnent lieu à de l'hypertension et diminuent les lipoprotéines de haute densité au profit de celles qui sont de basse densité, ce qui prédispose les sujets à des attaques cardiaques et cérébrales.

Chez les hommes, les androgènes affaiblissent la fonction de la testostérone et les prédisposent à une **baisse de la fonction testiculaire**, phénomène qui peut même durer plusieurs mois après l'absorption du produit. Chez la femme, en revanche, les androgènes **produisent de l'hirsutisme**, rendent la voix plus grave, provoquent des altérations cutanées et une suspension du cycle menstruel. Dans l'ensemble, les bienfaits liés à l'utilisation de ces produits sont limités tandis que leurs méfaits sont très grands.

Les amphétamines et la cocaïne

Les expérimentations menées jusqu'à aujourd'hui dans ce domaine ont démontré que ces drogues stimulaient moins le physique que le mental. Il en résulte que l'athlète « va plus fort » puisqu'il n'a plus les freins inhibiteurs que chacun de nous possède par nature et qui déclenchent au bon moment une crise pour éviter d'endommager son organisme. Ce n'est donc pas par hasard si l'on a enregistré des cas tragiques de décès pendant des compétitions parmi des athlètes qui avaient pris des amphétamines avant : une des causes de mort dans ces situations est la surexcitabilité du cœur qui provoque une fibrillation ventriculaire mortelle en quelques secondes.

Bibliographie

CHEVALLON S., *L'entraînement psychologique du sportif*, Éditions De Vecchi, 1995.

DERVAUX J.-L. (Dr), *Comment maigrir par la chronodiététique… et ne pas reprendre de poids*, Éditions De Vecchi, 1996.
La Diététique du sportif, Éditions De Vecchi, 1998.

GRELON B., *L'entraînement en athlétisme*, Éditions De Vecchi, 1996.

DE MONDENARD J.-P., « L'alimentation du coureur à pied », revue *Jogging international*, hors série, 1987.

OSTIGUY J.-P. (Dr), *Sport-santé et nutrition*, Éditions de l'Homme, 1979.

ROTHEURES C. (Dr), *Sport et alimentation*, Éditions SAEP, 1991.

Table des matières

TROISIÈME PARTIE – LES ASPECTS MÉDICAUX

Achevé d'imprimer en mars 1999
à Milan, Italie,
sur les presses de Grafiche Milani

Dépôt légal : mars 1999
Numéro d'éditeur : 5760